# 文学里的草木芳菲

周益民——主编　吴海丽——编著

上海译文出版社

图书在版编目(CIP)数据

文学里的草木芳菲 / 周益民主编；吴海丽编著. -- 上海：上海译文出版社，2025.1. -- (文学里的大自然). -- ISBN 978-7-5327-9710-3

Ⅰ. Q94-49

中国国家版本馆 CIP 数据核字第 20242YH299 号

**文学里的草木芳菲**

周益民　主编　吴海丽　编著
责任编辑 / 王宇晴　特邀策划 / 庄雨蒙　装帧设计 / 赵十七
封面设计 / 王　雪　封面插画 / 林乃舟

上海译文出版社有限公司出版、发行
网址：www.yiwen.com.cn
201101　上海市闵行区号景路 159 弄 B 座
上海中华印刷有限公司印刷

开本 720×1000　1/16　印张 8.5　字数 85,000
2025 年 1 月第 1 版　2025 年 1 月第 1 次印刷
印数：0,001—5,000 册

ISBN 978-7-5327-9710-3
定价：39.80 元

本书中文简体字专有出版权归本社独家所有，非经本社同意不得连载、摘编或复制
如有质量问题，请与承印厂质量科联系。T: 021-62662100

# 大自然是本无字书

苏联有个著名的教育家,叫苏霍姆林斯基。他喜欢把孩子们带到野外,带到生活中,让孩子们享受纯粹自然的美妙天籁,感受火热生活的真挚热情。他把这称之为"蓝天下的课堂"。我国著名教育家陈鹤琴先生也说:"大自然大社会是一本无字的书、活的书,是我们的活教材、活教师。"这其实也是中国古人的理想生活。孔子的弟子曾点说:"莫春者,春服既成,冠者五六人,童子六七人,浴乎沂,风乎舞雩,咏而归。"在沂水沐浴后,在舞雩台上吹吹风,唱着歌儿回家——这就是他向往的生活。

蓝天下的课堂,大自然的无字书,多么辽阔,多么丰富,多么美好。

步入大自然,我们会与草木芳菲结缘,同鸟兽虫鱼相遇,跟日月山川对话。我们与万物相连,感受生命的奇妙与蓬勃,生发对世界的敬畏与热爱。在这样的课堂里,我们经历的是一段心身合一的旅程,心儿为之怦然跳动。

步入蓝天下的课堂,就是回归精神世界的诞生地。杜威曾说过,教育即生活,只有使儿童返回到切合他们天性的生活中去,才会为儿童建造"教育上的天国"。当我们走出狭小封闭的空间,投入大自然的怀抱,打开天地的画卷,这是更为活泼的教材,我们的内心因之获得滋养,获得壮大。

步入蓝天下的课堂,更是我们作为一个完整的、整体的人的存在,张扬、充盈着儿童少年旺盛、活泼的生命力量。我们在与周围世界的互动与统一中,主动又尽情地抒发着自己的智慧,关怀、责任、担当、继承、创造……这些品质悄然植入心田。

此刻，摆在我们面前的这套"文学里的大自然"丛书，正是对这种感悟的书写。作家们用准确、细腻、美好的文字，记录、描绘了他们对大自然无字书的阅读体验。这套丛书由《文学里的草木芳菲》《文学里的鸟兽虫鱼》《文学里的日月山川》三册组成，选编者都是经验丰富的老师。老师们从大量中外文学作品中精选篇章，翻开书，大家会看到一个个闪光的名字，鲁迅、朱自清、叶圣陶、冰心、萧红、丰子恺、许地山、周瘦鹃、汪曾祺、宗璞……还有国外的泰戈尔、比安基、普里什文、梭罗、黑塞……他们的文字中，有对自然生灵的深情，亦有由此生发的深思。这些文字曾经带给万千读者感动，相信也会给我们带来共鸣与启迪。作家们对自然的精微体察、与自然的互动方式，以及用文字准确、形象表达内心情思的艺术，都会让我们愉悦、沉醉，带给我们文学之美的享受。

为了帮助少儿读者领会作品的要义，发挥阅读的更优功能，老师们用心撰写了助读文字，或引导潜心会文，或启发细察自然，力求在读者、作品、自然三者之间架起一座桥梁。

动人的篇章与文字，丰富的蓝天下的课堂，怎不叫人跃跃欲试？丛书每一分册的最后均设计有"自然笔记"栏目，鼓励读者阅读大自然的无字书，并提供了可行的方法建议。如此，我们也可以用文字记录和描绘眼中、心里的自然万物。

这个世界如此充满希望和生气，让我们每日兴致勃勃地投入阅读、观察、感受和书写吧。蓝天下的课堂，属于我们每一个人。大自然的无字书，等待着我们去阅读。

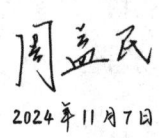

周孟民

2024年11月7日

# 目 录

## 幼芽也会发光

灌木丛的倒影 / 003
幼芽发光的晚上 / 005
聊聊幼芽 / 007
紫荆学校开学了 / 010
日记一则：六月二十六日 / 013
荷花 / 015
芦苇 / 019
芽在哪里过冬 / 022

## 花事悠悠思无限

看花 / 027
牵牛花 / 029
梨花 / 032
山茶花 / 034
快阁的紫藤花 / 036
花的话 / 039
树木的花 / 043
闻香 / 045

## 坚守信仰的方式

合欢树 / 051
榕树 / 053
大漠胡杨 / 055
有趣的冬青叶栎 / 057
黄山绝壁松 / 060
一个树木之家 / 063
树之以桑 / 065
无名英雄蒲公英 / 068

## 没有哪种生命是卑微的

不为人见的蘑菇 / 073
芜菁 / 075
石榴 / 077
香橼·木瓜·佛手 / 080
那棵卑微的杧果树是"热带果王" / 083
神奇的丝瓜 / 086
春初早韭 / 090

## 植物的心志

山菊花 / 095
玫瑰树根 / 098
麦管和芦笛 / 101
秃的梧桐 / 104
虎能爬山全靠脚 / 107
牛蒡花 / 110
越冬的小草 / 114
囚绿记 / 118

## 你写过自然笔记吗？

自然笔记一：我的春天笔记 / 122
自然笔记二：植物成长记 / 124
自然笔记三：收集秋天 / 126

# 幼芽也会发光

他们欣赏着别人,也被别人欣赏着。

——张秋生

## 导　读

　　对于爱观察的人来说，连翘开出的第一株小花是不容错过的"历史性一刻"，山茱萸在盛开时是一场视觉盛宴，芦苇在湖滩上摇曳出的是雄浑的合唱，千万朵紫荆花一齐盛放离不开阳光、晨风、蜜蜂的调教，溪边的灌木丛和水里的倒影是一本书，也是一幅画。它们，都有属于自己的美丽模样。

　　当然，大自然也有属于自己的语言和文字：荷花的一切构造都是为了适应水中生活；幼芽会在晚上发光，冬眠的方式很不一样；落叶在生命轮回中不为凋落而悲伤……仔细观察，用心感受，欣赏这个世界，世界就会给你呈现出多彩的模样。

# 灌木丛的倒影[1]

张秋生

清清亮亮的小溪边上,站着一排高高低低的灌木丛。高高低低的灌木丛上,长着大大小小的绿叶,开着星星点点的花。

小灌木丛,他们那么整齐地排着,那么高兴地站着,在看些什么呢?

哦,在看他们留在溪水中的倒影——溪水中,有一排轻轻晃动的小灌木丛。

每一棵灌木都看得很专注。不过,他们不是在看自己,而是在欣赏别人,看别人留在溪水里的美丽的倒影。

他们欣赏着别人,也被别人欣赏着。

连一棵最矮最小,最不起眼的小灌木,也引起了大伙儿的注意——

因为,在他细细弱弱的枝条中间,游着一群自由自在的小鱼,

---

[1] 选自《童年阁楼上的白云》,张秋生著,中国少年儿童出版社,2020年版。

他们摆动着小小的尾巴，在晃动着的枝叶间游来游去，就像树丛里飞翔着一群快活的小鸟……每当游人们走过溪边，都会在这里看上半天，看这些高高低低、粗粗细细的灌木留在溪水里的倒影。

　　他们就像在读一本书，看一场电影，浏览一幅很美很美的画……

### 助读交流

　　1. 灌木丛在溪水里看到了哪些美丽的倒影？到文中找一找，读一读。

　　2. 你是如何理解"他们欣赏着别人，也被别人欣赏着"这句话的？联系生活说一说。

# 幼芽发光的晚上[1]

[俄]普里什文　潘安荣　译

幼芽正在开放,像巧克力的颜色,拖着绿色的小尾巴,而在每个绿色的小嘴上挂着一大颗亮晶晶的水珠。你摘下一个幼芽,用手指揉碎,可以闻到一股经久不散的白桦、白杨的树脂香味,或是稠李的惹人回忆往昔的特殊香味;你会想起,从前常常爬到树上去采那乌亮乌亮的果实,一把一把地送进嘴里连核吃下去,那么样的吃法,除了痛快以外,不知怎的从未有过一点儿不适的感觉。

晚上温暖宜人,静得出奇,你预料会有什么事就要发生,因为在这样的寂静中,总会有事的。果然不出所料,树木仿佛彼此间开始对话了:一棵白桦同另一棵白桦远远地互相呼唤,一棵年幼的白杨像绿色的蜡烛似的立在空地上,正在为自己寻找一支同

---

[1]　选自《大自然的日历》,普里什文著,潘安荣等译,长江文艺出版社,2005年版。

样的蜡烛；稠李们彼此伸出了抽花吐萼的枝条。原来，同我们人类比较的话，我们人类彼此招呼是用的声音，它们却用的是香味：此刻每一种花木都散发着自己的香味。

天色暗下来的时候，幼芽消失在黑暗中了，但是幼芽上的水珠却闪闪发光，就连在灌木丛中黑咕隆咚什么也看不清的时候，水珠仍在发光。只有水珠和天空在发光：水珠从天空把光取来，在黑暗的森林中给我们照亮。

我仿佛觉得自己的全身缩小为一个饱含树脂的幼芽，想要迎着那独一无二的不认识的朋友开放。那是一个非常好的人，我只要一等起他来，一切妨碍我行动的东西都会像尘烟一般消散了。

### 助读交流

1. 真神奇！人类彼此用声音打招呼，树木在夜间用什么打招呼？读读第二段，展开想象，把画面想具体、想生动。

2. 文中有很多句子在表达上独具特色，你可以找一找，再试着模仿写一写。

# 聊聊幼芽①

[捷克]卡雷尔·恰佩克　　耿一伟　译

今天,三月三十日,上午十点钟,我身后的连翘终于开出第一株小花。整整三天,为了不错过这历史性的一刻,我一直在观察连翘最大的新芽,它看起来像一颗小小的金色豆荚;当它开花后,我立刻朝天空观望,看看是否要下雨。而明天,连翘上的细枝将会长满金色的小星星。它一发而不可收。最重要的,就像人们后来知道的,紫丁香也已经开始加紧它的脚步;在大家注意到它之前,紫丁香那脆弱纤细的小叶子早就长出来了。醋栗也展开它V字形、环状的衣襟;但其他的灌木丛和树木却依然在等待,等待那来自大地或是天空一声令下,"就是现在";就在那一刻,所有新芽都将同时绽开,是的,它们一定会的。

像这类的发芽现象,是属于人们所谓的"自然过程",但它也

---

① 选自《我和花草有约:园丁的12个月》,卡雷尔·恰佩克著,中国画报出版社,2005年版。

是必经过程；虽然腐朽也是属于自然的过程，但从来不会有人要将它与威武的行军联想在一起；我可不想为腐朽的过程谱写所谓的快步进行曲；但如果我真的是位音乐家，我一定会谱一阕"新芽进行曲"——开始是紫丁香军团在轻快的进行曲中分散地向前跑；再来是红莓小队；接下来进场的是踢着正步的苹果及梨子幼芽，其间菊苣与小草们则尽情地拨弄着每根琴弦。而在管弦乐团的伴奏下，我们的新芽军团则器宇轩昂地向前行进。一，二，一，二：哇，我的老天，好酷的分列式啊！

人们都说，大自然在春天时变得绿油油一片；其实这话并不完全正确，因为也有自深紫与玫瑰色转成红色的嫩芽。它们最后都成了暗紫或暗红的颜色；当然也有些变成褐色与暗黑色；有些白的像雌兔腹部的乳白色毛一样，但也有长成紫色和金黄色的，或是像旧皮革般深的暗色。有些幼芽长得像蕾丝边的须须，有些长得像手指或舌头，还有些长得像疣似的。有些幼芽全身长满了软毛，跟圆嘟嘟的小狗长得很像；有些则长出纤细坚韧的幼枝；还有些张开来像蓬松柔软的尾巴。我跟你说，幼芽跟叶子与花朵一样，令人惊奇。人们永远没准备好去发现这其中的差别。但如果你想探索其中的奥妙，你得挑一块小一点的地方。如果我跑步到贝涅修弗（位于布拉格南方约三十公里处的小城）去瞧瞧，在那里可以发现的春天风情，绝对不会比我身后的小花圃多。人们一定得待着不动，静静观察；其间你将会发现令人目瞪口呆的富饶景象，有温柔的抚摸与奋不顾身的呵护，这一切都令你感叹不已，因为这是顽强的春天生命意志的表现；而你也会听到从新芽绵延不绝的行进队伍里传来的微弱嘶喊声。

就是这样！当我在写这篇文章时，空中却忽然传来神秘咒语，"就是现在"；早晨时还是含苞待放的新芽从脆弱的树枝尖头冒出来，连翘细枝上有许多小金星在闪烁，膨胀的李子幼芽已偷偷绽开一点点，而其他树枝顶端，许多不知名的幼芽正如金绿色眼珠般地闪耀着。青嫩绿叶在树枝顶端搔首弄姿，肥嫩的幼芽已在绽放。别害羞了，脸红的小叶子，被涂了鸟胶的树枝，张开吧；起来吧，在沉睡的植物们；出发的命令已经下达。开始演奏未完的进行曲吧！在阳光下闪耀吧！我的铜管，尽情地吹吧！定音鼓，大胆地敲吧！我迷人的小提琴，忘情地拉吧！因为静谧，充满褐色与绿色的花园，已开始进行它胜利的游行了。

## 助读交流

1. 作者是怎么描述幼芽绽放的"自然过程"的？找出文中富有感染力的句子，读一读，想一想：这样的表达给你怎样的感觉？

2. "就是现在"在文中反复出现，每次都发生了什么？找一找，说一说。

# 紫荆学校开学了①

毛芦芦

清晨四点半,有只鹁鸟在半空里吹了串口哨,安然沉睡的大地,被吵醒了。

迎春花用露珠洗洗脸,把自己倒挂在桥栏上,开始晨练。红叶李骑上风的扫帚,东飞飞,西舞舞,开始旅行。一条蚯蚓,钻出泥土,匍匐在小草脚畔,开始散步。一群蜜蜂,站在蜂箱门口,嘤嘤嗡嗡唱着歌,准备工作。

天慢慢被这些早起的花草、生灵闹亮了。

当第一道阳光打在公园的紫荆树上时,刚刚在山尖探出眼睛的太阳公公不禁怔住了——一夜之间,没想到在这公园里居然多了一所学校,一所紫荆花的学校。

那些比米粒大不了多少的紫红花朵,你紧挨着我,我紧挨着他,他紧挨着她,一起端坐在灰白的树干、树枝上,正张着小嘴,

---

① 选自《春天的花事》,毛芦芦著,浙江大学出版社,2015年版。

奶声奶气地在那里朗诵着春天的赞美诗。

哦，他们人数虽然众多，可他们的队伍却排得多么整齐。他们一个个虽然都笑意盈盈、兴致勃勃的，可他们的纪律却显得多么严明。他们脸颊粉嫩，额头光洁，小嘴微翘，双眼明亮，多么像一群群正在努力晨读的小学生啊！

他们以树枝来分班，有的树枝粗一些、长一些，班级就大一些；有的树枝细一些、短一些，班级就小一些。一树紫荆花，往往有一两百根大大小小的枝条，于是，这个花的学校，就有了大大小小一两百个班级了。

这真是一所很大很大的花的小学啊！

那些紫荆花小朋友，那么天真、认真、本真地端坐在自己的树枝教室里，读着春天的赞美诗，读着奔跑的蚂蚁用辛勤的脚步写出的散文，读着爱美的蝴蝶用薄薄的翅膀绘出的图画，读着朴素的青藤用细长的触须编成的故事，读着千年古樟用鲜嫩的绿叶缀成的历史，读着明净的池塘用斑斓的花影写成的哲学……读着，读着，紫荆花小朋友们的脸蛋更红润了，眼眸更清澈了，容颜更亮丽了，神情更自信了。

红叶李很调皮，不断在他们耳畔簌簌地哼着民俗小调，飞来蹿去；麻雀也不安分，不断在他们眼前啾啾地唱着游戏歌曲，蹦来跳去，可紫荆小学里的学生们没有分心。

他们只爱听阳光校长的教导，他们甚至比阳光校长起得还早，在料峭的春寒中，读了一课又一课。

终于，唰的一声，晨风老师摇响了下课的铃。

早读课结束了，紫荆花小学的小朋友们纷纷站了起来，在晨风老师的指挥下，微微摇摆着小小的身子，在树杈操场上，活泼地跳起了健美操。他们的动作，是那么轻柔曼妙，他们的姿态，是那么抒情优美，他们的秩序，又是那么整齐划一。

哦，那千万朵紫荆花整齐划一地排在树的枝头，真的很像一所紫荆学校开了学！千万个紫荆花小朋友，在这个明亮芬芳的早晨，一起读书，一起做操，一起歌唱，一起欢笑，一起玩耍，一起喝露水饮料，一起帮阳光校长梳胡子，一起替晨风老师捧教鞭，一起做大地母亲的乖孩子，使得那些嘤嘤嗡嗡的蜜蜂感动极了，终于从四面八方一起朝这所学校飞了过来。

经过蜜蜂教授们的悉心调教，不到一两个时辰，这所紫荆花小学，就升级成一所紫荆蜜中学了。

叫早的鹡鸟闻讯，以为这一切都是她的功劳，在空中叫得更响，把天地叫成了一首甜蜜的歌。

### 助读交流

这所紫荆学校可真有趣呀，阳光是校长，晨风是老师，树枝是教室，树杈是操场……作者以童话的笔调将紫荆花盛放的情景写得生动有趣，引人遐想。想一想：紫荆花小朋友还会在晨读课上声情并茂地读些什么？

# 日记一则：六月二十六日①

[美]约翰·缪尔　　邱婷婷　译

纳特尔（Nuttall）的山茱萸在盛开时真是一场视觉盛宴。整棵树都变得雪白。花的总苞有六到八英寸宽。溪流边生长的山茱萸树大约有三十到五十英尺高，如果树木之间距离不是很拥挤，它们的树冠就会长得很宽大。它们显眼的花朵吸引了飞蛾、蝴蝶等有翅膀的生物，我猜想它们不仅从树上获取所需，而且也给树带来裨益。这种树喜好清凉的水源，和桤木、柳树、棉白杨一样需要吸收很多水分，所以在溪畔是长得最好的。不过它们还是经常远涉到远离溪流的潮湿阴暗的山谷，生长在松树下面，当然这时树的高度就低了很多。当秋天来临，成熟的树叶甚至比花朵还漂亮，呈现出红、紫、淡紫等各种迷人颜色。和灌木一样生长在山的背阴面的还有一种植物，可能是黑实山茱萸。它们的叶子是羊的食物之一。远方传来了闪电和雷声，还有阵阵低沉的回响。

---

① 选自《夏日走过山间》，约翰·缪尔著，邱婷婷译，上海译文出版社，2014年版。

**助读交流**

作者从哪些角度描摹了山茱萸开花时的景象？圈出关键词，说一说，你一定能从中习得写物的方法。

# 荷 花[①]

贾祖璋

讲到荷花，便记忆起幼年时爱玩盆荷的情景。盆栽的荷花，花儿并不多；但从初种时起，看它那浮在水面的小小"荷钱"（小荷叶），便已十分可爱。把荷钱揿下水去，叶面现出丝绒似的白光；放了手，它随即倔强地露出水面，一点水湿也不会沾着。假如把水滴上去，叶面就出现一个个灵活地滚动的亮晶晶的小水珠；小水珠多了，便汇合成一个大水珠。大水珠没有小水珠那样圆整灵活，叶片无法承担它的重量，便从叶缘流去，后来生出较大的叶片，亭亭地直立水上，因为叶片中心稍稍凹陷，滴上水去，不再能形成小水珠，而只是全都聚集在中心。等到重量无法承受时，叶片自然倾侧，水就流去，假如用小勺斟起水来，缓缓地倾泻叶上，那就水珠四散，仿佛是"大珠小珠落玉盘"了。

---

[①] 选自《花儿为什么这样红：贾祖璋科学小品选读》，贾祖璋著，福建科学技术出版社，2012年版。选文有删减。

还有那多刺的叶柄，把它折成几分长的一段一段时，有细丝会让它们连在一起，好像一串佛珠。或是单单折取一长段，因为里面有管状空隙，插入水中，可以吹出水泡。

荷花为什么要生不沾水的叶片和多刺中空的叶柄呢？这该用科学的道理来解释。

用植物学的眼光来看，荷花的一切构造，都是为的适应水中生活。它有根状分节的茎，横卧水底，节上生根，梢头几节，肥大成藕。内部也有数条管状空隙，和叶柄、花梗的管状空隙相通，便于流通空气。不然，埋没水底，就难免窒息了。把藕折断，也有抽不断的细丝，俗语"藕断丝连"，便由此而来。细丝是它体内运输营养液的一种导管，即螺纹导管的外壁。藕所以肥大，是因为它含有多量淀粉，便于度过寒冬，到来年春天再萌发新芽。因此荷花不必专靠种子来繁殖。

荷叶从地下茎的节上生出，初生时，叶片卷曲呈梭子状，侧向，下半紧贴叶柄。展开以后，叶柄就位于叶片下面的中心，成为伞形。春季初生的荷钱，因为叶柄细弱，不能直立，所以只能浮在水面。叶色翠绿，上面看似平滑，其实密生着无数细毛。一般植物，气孔都生在叶片下面，下面少受阳光照射和风的吹拂，空气出入时，水分损失较少。荷花一类水生植物，不愁水少，但叶片下面贴近水面，气孔容易堵塞，所以都生在上面，而上面也要防止雨水来堵塞它，这就是密生细毛的缘故。开头讲的叶面滴水的游戏，也可算是一种粗浅的科学实验。如果借助放大镜等器械作进一步观察，那就更好。至于叶柄生刺，那是显而易见的，是为了防御动物食害。

荷花也从地下茎的节上生出，往往一花一叶并生。叫做"藕"，就是花叶成双，就是"偶"的意思。花梗的形状和构造，完全和叶柄相同。萼片形小，早落，不常为人注意。花瓣通常16片，外方几片形大而色淡。专供观赏的品种，花大而瓣多。雄蕊多数，环生在杯状花托的下面。花托上面呈蜂窝状，雌蕊就分别生在这些窝内；花柱短小，柱头分泌黏液，便于受粉。

花谢以后，花托长大，成为莲蓬，也叫莲房。莲蓬里面一颗颗的莲子，就是子房发育成的果实，外面黑色的硬壳是果皮。中药铺出售的"石莲子"，是带壳的整个果实；南货店出售的莲子，壳已剥去，那是种子了，可吃的部分是两片肥厚的子叶。子叶之间有绿色的幼芽，俗称莲心，味苦。在植物界中，像莲心这样在种子里面就已经有发育完全的绿色幼芽，那是少有的。莲蓬组织疏松，干枯以后，浮水不沉，当它野生的时候，有随水漂流、散布种子的作用。在植物学上，经常被引用为说明植物利用水力散布种子的例子。

## 助读交流

1. 为了适应水中的生活，荷花有哪些独特的构造？

2. 文学是语言的艺术。贾祖璋的科学小品文辞优美，有着很高的文学价值，读读下面的句子，体会体会。

◇ 把荷钱撒下水去，叶面现出丝绒似的白光；放了手，它随即倔强地露出水面，一点水湿也不会沾着。

◇ 等到重量无法承受时，叶片自然倾侧，水就流去，假如用小勺斟起水来，缓缓地倾泻叶上，那就水珠四散，仿佛是"大珠小珠落玉盘"了。

# 芦 苇①

赵丽宏

风一天天凉起来。秋天到了。

芦苇在秋风中纷纷开花。每一棵芦苇,都开出一束银色的芦花,那是由无数细小的花瓣组合而成的花束,轻盈、柔和,闪烁着银色的光芒。无数朵芦花集合在一起,像一片银灿灿的浩瀚的海洋。

树孩喜欢看芦花,一天四时,芦花都会发生奇妙的变化。

早晨,在朝霞的映照下,树孩看到的是金色的芦花,那是太阳的光彩。

中午,太阳躲进了云海,芦花又恢复了他们的银色,银色的芦花绵延起伏,和天边的白云融合成一体。

黄昏,晚霞像火一样在天边燃烧。芦花似乎也随着晚霞在燃烧,每一朵芦花,都变成一朵红色的火苗。那是一望无际的金红

---

① 选自《树孩》,赵丽宏著,长江文艺出版社,2021年版。选文有删减。

色的火海，无声地蔓延着。这时，树孩会想起那场可怕的山火，但是，晚霞中的芦花并不是火，他们是那么沉静，那么庄严。

最神奇的景象，是在有月亮的夜晚。在月光下，芦花闪烁着银色的光华，仿佛是纯净的月光在大地上缓缓涌动……

树孩身边那棵小芦苇，来不及长到和别的芦苇一样高，但也开出一朵硕大的芦花。小芦苇骄傲地晃动着头顶上的芦花，悄悄地问树孩："你看见我开花了吗？"

"看见了，你们的花真美！"树孩由衷地赞叹。

"每一棵芦苇，都会开一次花。这是生命的权利。"小芦苇似乎是自言自语，像是在吟诗。

树孩问小芦苇："你们的花朵，会一直开下去吗？"

小芦苇摇晃着头上的芦花，轻声回答："有花开就会有花谢，但是，花谢不是生命的终结。"

小芦苇话声未落，一阵大风吹来，湖滩上的芦苇又发出一片窸窸窣窣的声响，还是那雄浑的合唱：生生不息，生生不息……

如果湖滩上真有诗人，树孩觉得，芦苇是诗人。

芦苇的合唱声中，出现了一阵阵翅膀的拍击声，那是无数翅膀在有力地拍打，掠过浩瀚起伏的芦花之海。

是一群天鹅，飞到了湖面上。

**助读交流**

1. 作者描绘了芦苇在早晨、中午、黄昏、夜晚月光下的不同景象,你最喜欢哪一种景象?不妨用画笔画一画。

2. 你觉得芦苇是"诗人"吗?如果是诗人,它写的会是一首什么主题的诗呢?

# 芽在哪里过冬①

〔苏联〕维·比安基　韦苇　译

现在，一切植物都处在麻木状态中。但是，它们在准备迎接春天，它们在为春天的到来抽薹发芽。

那么，这些芽都在哪里过冬呢？

树木的芽，在很高的枝头上过冬。各种草芽都各有各的过冬办法。

譬如说，森林里有一种叫硬骨草繁缕的植物，它的芽是在枯茎的叶脉里过冬。它的叶子秋天时就枯黄了，整棵植物好像是死了，而它的芽其实还活着，颜色是绿的。

而蝶须、卷耳、筋骨草之类的草，它们都很矮小，它们的芽保存在积雪下，没有受伤也没有受损。它们穿着新绿的衣服准备迎接春天。

---

① 选自《森林报·珍藏版》，维·比安基著，韦苇译，新疆青少年出版社，2016年版。

这些小草的芽都是在地上过冬，虽然离地不很高。

有些草的过冬办法则不同——它们的芽在地面和地下。

去年的蒿草、旋花、广布野豌豆、金莲花和驴蹄草，一到冬天就只能在地上见到半腐烂的茎和叶。它们的芽呢？你可以在贴近地面处看到它们。

草莓、蒲公英、三叶草、酸模、菁草等等，这些植物的芽也在地面上过冬。不过，这些芽有绿色的叶簇包裹着。它们也准备好了：春天一到，就从雪底下露出碧绿的容颜。

还有好些草，把芽保存在地底下。银莲花、铃兰、舞鹤草、柳穿鱼、柳兰、款冬等的芽，在根状茎上过冬；熊蒜、顶冰花等的芽，在鳞茎上过冬；紫堇的芽在小块茎上过冬。

陆地上的植物的芽，过冬的办法大概就是上面说的这些。

而那些水生植物的芽，是埋在池底或湖底的淤泥里过冬的。

### 助读交流

真有趣！植物幼芽都有属于自己的过冬方式，你能列举出来吗？留心观察，说不定你也会有许多神奇的发现。

# 花事悠悠思无限

她们从没有想到自己有什么特殊招人喜爱的地方，只是默默地尽自己微薄的力量，给世界加上点滴的欢乐。

——宗璞

## 导 读

如果没有了花，这个世界将失去大半的妩媚。

花儿，以其多姿多彩，装点着天地人间，其色其形其香，给人美的享受。

这一组关于"花"的文章，丰富多彩，各具特色。细细品读，我们仿佛也跟随着作者，步入百花丛中，目之所遇，鼻之所嗅，耳之所听，都是自然之美的交响。在这美的乐章中，我们丰富的情感被唤起，心灵的琴弦被拨动，渺渺的思绪悠悠地飞向远方。

学会凝眸，懂得欣赏，就算是路边的一朵野花，也能勾起你我最美的遐想。

# 看　花[①]

朱自清

家里人似乎都不甚爱花；父亲只在领我们上街时，偶然和我们到"花房"里去过一两回。但我们住过一所房子，有一座小花园，是房东家的。那里有树，有花架（大约是紫藤花架之类），但我当时还小，不知道那些花木的名字；只记得爬在墙上的是蔷薇而已。园中还有一座太湖石堆成的洞门；现在想来，似乎也还好的。在那时由一个顽皮的少年仆人领了我去，却只知道跑来跑去捉蝴蝶；有时掐下几朵花，也只是随意按弄着，随意丢弃了。至于领略花的趣味，那是以后的事。夏天的早晨，我们那地方有乡下的姑娘在各处街巷，沿门叫着，"卖栀子花来"。栀子花不是什么高品，但我喜欢那白而晕黄的颜色和那肥肥的个儿，正和那些卖花的姑娘有着相似的韵味。栀子花的香，浓而不烈，清而不淡，也

---

[①] 选自《朱自清散文选集》，朱自清著，浙江少年儿童出版社，2022年版。选文有删减。

是我乐意的。我这样便爱起花来了。也许有人会问:"你爱的不是花吧?"这个我自己其实也已不大弄得清楚,只好存而不论了。

我爱繁花老干的杏,临风婀娜的小红桃,贴梗累累如珠的紫荆;但最恋恋的是西府海棠。海棠的花繁得好,也淡得好;艳极了,却没有一丝荡意。疏疏的高干子,英气隐隐逼人。可惜没有趁着月色看过;王鹏运[①]有两句词道:"只愁淡月朦胧影,难验微波上下潮。"我想月下的海棠花,大约便是这种光景吧。

**助读交流**

杏、桃、紫荆各有其美,"我"最恋恋的却是西府海棠;"栀子花不是什么高品",但"我"喜欢。文章第二段用杏、桃、紫荆作对比,突出海棠独有的风姿,你最喜欢什么花?不妨试着模仿这种写法写一写。

---

① 晚清四大词人之一。

# 牵牛花[①]

叶圣陶

手种牵牛花，接连有三四年了。水门汀地没法下种，种在十来个瓦盆里。泥是今年又明年反复着用的，无从取得新的来加入。曾与铁路轨道旁边种地的那个北方人商量，愿出钱向他买一点，他不肯。

从城隍庙的花店买了一包过磷酸骨粉，搀和在每一盆泥里，这算代替了新泥。

瓦盆排列在墙脚，从墙头垂下十条麻线，每两条距离七八寸，让牵牛的藤蔓缠绕上去。这是今年的新计划，往年是把瓦盆摆在三尺光景高的木架子上的。这样，藤蔓很容易爬到了墙头；随后长出来的互相纠缠着，因自身的重量倒垂下来，但末梢的嫩条便又蛇头一般仰起，向上伸，与别组的嫩条纠缠，待不胜重量时便重演那老把戏；因此，墙头往往堆积着繁密的叶和花，与墙腰的

---

[①] 选自《叶圣陶散文》，叶圣陶著，人民文学出版社，2018年版。

部分不相称。今年从墙脚爬起,沿墙多了三尺光景的路程,或者会好一点;而且,这就将有一垛完全是叶和花的墙。

藤蔓从两瓣子叶中间引伸出来以后,不到一个月工夫,爬得最快的几株将要齐墙头了。每一个叶柄处生一个花苞,像谷粒那样大,便转黄萎去。据几年来的经验,知道起头的一批花苞是开不出来的;到后来发育更见旺盛,新的叶蔓比近根部的肥大,那时的花苞才开得成。

今年的叶格外绿,绿得鲜明;又格外厚,仿佛丝绒裁剪成的。这自是过磷酸骨粉的功效。他日花开,可以推知将比往年的盛大。

但兴趣并不专在看花。

种了这小东西,庭中就成为系人心情的所在,早上才起,工毕回来,不觉总要在那里小立一会儿。那藤蔓缠着麻线卷上去,嫩绿的头看似静止的,并不动弹;实际却无时不回旋向上,在先朝这边,停一歇再看,它便朝那边了。前一晚只是绿豆般大一粒的嫩头,早起看时,便已透出二三寸长的新条,缀着一两张满被细白绒毛的小叶子,叶柄处是仅能辨认形状的花苞,而末梢又有了绿豆般大一粒的嫩头。有时认着墙上的斑驳痕想,明天未必便爬到那里吧;但出乎意外,明晨已爬到了斑驳痕之上;好努力的一夜功夫!"生之力"不可得见;在这样小立静观的当儿,却默契了"生之力"了。渐渐地,浑忘意想,复何言说,只呆对着这一墙绿叶。

即使没有花,兴趣未尝短少;何况他日花开,将比往年的盛大呢。

**助读交流**

1. 作者那么喜欢牵牛花,却说自己的兴趣"并不专在看花",那么,他的兴趣在哪里呢?

2. 你是如何理解"生之力"的?结合文章具体内容说一说。

# 梨 花①

许地山

她们还在园里玩,也不理会细雨丝丝穿入她们的罗衣。池边梨花的颜色被雨洗得更白净了,但朵朵都懒懒地垂着。

姊姊说:"你看,花儿都倦得要睡了!"

"待我来摇醒它们。"

姊姊不及发言,妹妹的手早已抓住树枝摇了几下。花瓣和水珠纷纷地落下来,铺得银片满地,煞是好玩。

妹妹说:"好玩啊,花瓣一离开树枝,就活动起来了!"

"活动什么?你看,花儿的泪都滴在我身上哪。"姊姊说这话时,带着几分怒气,推了妹妹一下。她接着说:"我不和你玩了,你自己在这里罢。"

妹妹见姊姊走了,直站在树下出神。停了半晌,老妈子走来,牵着她,一面走着,说:"你看,你的衣服都湿透了,在阴雨天,

---

① 选自《落花生:许地山散文精选》,许地山著,四川文艺出版社,2021年版。

每日要换几次衣服,教人到哪里找太阳给你晒去呢?"

落下来的花瓣,有些被她们的鞋印入泥中;有些粘在妹妹身上,被她带走;有些浮在池面,被鱼儿衔入水里。那多情的燕子不歇地把鞋印上的残瓣和软泥一同衔在口中,到梁间去,构成它们的香巢。

> **助读交流**
>
> 　　洁白的梨花,纷飞的细雨,飘落的花瓣,多情的燕子……作者用寥寥数笔,将它们组合成一幅清新淡雅的画,美丽中透出一点点哀愁。花瓣还会飘落到哪里呢?展开想象,模仿最后一段说一说。

# 山茶花[1]

李华岚

你见过山茶花吗?

真是美极了。有红的,白的,粉红的,紫的,墨色的,等等。有的一株树上就有好多颜色,甚至一朵花上就彩色缤纷。譬如山茶的白吧,那是怎样的白啊!像高山飞瀑溅出的水片一样晶莹,一样清凉入人心脾,但它又不会刹那消失,难于把握,而是静静地呈现在你眼前,让你叹赏个够。再如那墨茶,如果以为是一团墨,那就大错特错了,那是丽日下千尺清潭的深沉,带着波光,又带着阳光。那粉红的呢?也许只有九天的织女用早晨的红霞和晴午的白云彩在天机上织成的轻绡,才可比拟吧……山茶花的花形也很美。有潇洒地舒展着单瓣的,也有重瓣的,有叠成六角形或八角形的,大小疏密排列得很有致。即使闭上眼,你还是会感受到:啊,美啊……

---

[1] 选自《现当代散文诵读精华·小学卷》,柳斌主编,人民教育出版社,2003年版。

有次，我问一位老花农："山茶花为什么这样美？"他乐呵呵地说："你没看到山茶骨朵的那股特别劲？"

我这才注意起山茶骨朵来。果真特别！一般的花，开放前不久才打骨朵。山茶呢？几乎是花一谢就又冒出了来年新花的骨朵。原来山茶的骨朵是这样一个月又一个月，一季又一季地准备着，下了那么大功夫，花了那么多力气，开出的花怎能不美极呢？

啊，山茶花的骨朵，好一股特别劲儿。

### 助读交流

1. 品读文章，说说作者是从哪几个方面描写山茶花的。

2. 好的文章，总能让人产生丰富的联想。文章的最后两段，让你想起了哪些人和哪些事？他们和山茶花有什么共同点？和小伙伴交流交流。

# 快阁的紫藤花①

徐蔚南

快阁是陆放翁②饮酒赋诗的故居,离城西南三里,正是鉴湖绝胜之处;去岁初秋,我曾经去过了,寒中又重游一次,前周复去是第三次了。但前两次都没有给我多大印象,这次去后,情景不同了,快阁的景物时时在眼前显现——尤其使人难忘的,便是那园中的两架紫藤。

快阁临湖而建,推窗外望:远处是一带青山,近处是隔湖的田亩。田亩间分出红黄绿三色:红的是紫云英,绿的是豌豆叶,黄的是油菜花。一片一片互相间着,美丽得远胜人间锦绣。东向,丛林中,隐约间露出一个塔尖,尤有诗意。桨声渔歌又不时从湖面飞来。这样的景色,晴天固然好,雨天也必神妙,诗人居此,安得不颓放呢?放翁自己说:

---

① 选自《给孩子的最美散文》,江苏凤凰文艺出版社,2020年版。选文有删减。
② 陆游,字务观,号放翁,南宋诗人。

"桥如虹，水如空，一叶飘然烟雨中，天教称放翁。"是的，确然天叫他称放翁的。

阁旁有花园二，一在前，一在后。前面的一个又以墙壁分成为二，前半叠假山，后半凿小池。池中植荷花；如在夏日，红莲白莲盖满一池，自当另有一番风味。池前有春花秋月楼，楼下有匾额曰"飞跃处"，此是指池鱼言。其实，池中只有很小很小的小鱼，要它跃也跃不起来，如何会飞跃呢？

园中的映山红和踯躅①都很鲜妍，但远不及山中野生的自然。

自池旁折向北，便是那后花园了。

我们一踏进后花园，便一架紫藤呈在我们眼前。这架紫藤正在开花最盛的时候，一球一球重叠盖在架上了，俯垂在架旁的尽是花朵。花心是黄的，花瓣是洁白的，而且看上去似乎很肥厚的。更有无数的野蜂在花朵上下左右嗡嗡地叫着——乱哄哄地飞着。它们是在采蜜吗？它们是在舞蹈吗？它们是在和花朵游戏吗？……

离开这架白紫藤十几步，有一围短短的冬青。绕过冬青，穿过一畦豌豆，又是一架紫藤。不过这一架是青莲色的，和那白色的相比，各有美处。但是就我个人说，却更爱这青莲色的，因为淡薄的青莲色呈在我眼前，便能使我感到一种平和，一种柔婉，并且使我有如饮了美酒，有如进了梦境。

很奇异，在这架花上，野蜂竟一只也没有。落下来的花瓣在地上已有薄薄的一层。原来这架花朵的青春已逝了，无怪野蜂散尽了。

---

① 杜鹃花的别名。

我们在架下的石凳上坐了下来，观看那正在一朵一朵飘下的花儿。花也知道求人爱怜似的，轻轻地落了一朵在我膝上，我俯下看时，颈项里感到飕飕地一冷，原来又是一朵。它接连着落下来，落在我们的眉上，落在我们的脚上，落在我们的肩上。我们在这又轻又软又香的花雨里几乎睡去了。

猝然"骨碌碌"一声怪响，我们如梦初醒，四目相向，颇形惊诧。即刻又是"骨碌碌"地响了。

方君说："这是啄木鸟。"

临去时，我总舍不得这架青莲色的紫藤，便在地上拾了一朵夹在《花间集》里。夜深人静的时候，我每取出这朵花来默视一会儿。

### 助读交流

1. 到文中分别找出描写白紫藤与青莲色紫藤的句子，读一读，想一想蜂飞蝶绕的迷人画面。

2. 有人觉得本文主要写的是紫藤花，没必要在开篇处花费大量笔墨介绍快阁，因此，他把前六段的内容缩写为这样一句话：快阁是陆放翁饮酒赋诗的故居，临湖而建，阁旁有花园二，一在前，一在后。你觉得这样改好吗？为什么？

# 花的话[1]

宗 璞

春天来了,几阵轻风,数番微雨,洗去了冬日的沉重。大地透出了嫩绿的颜色,花儿们也陆续开放了。若照严格的花时来说,它们可能彼此见不着面,但在这既非真实,也非虚妄的园中,它们聚集在一起了。不同的红,不同的黄,以及洁白浅紫,颜色绚丽;繁复新巧的,纤薄单弱的,式样各出心裁。各色各样的花朵在园中铺展开一片锦绣。

花儿们刚刚睁开眼睛时,总要惊叹道:"多么美好的世界,多么明媚的春天!"阳光照着,蜜蜂儿蝴蝶儿,绕着花枝上下舞,一片绚丽的花的颜色,真叫人眼花缭乱,忍不住赞赏生命的浓艳。花儿们带着新奇的心情望着一切,慢慢地舒展着花瓣,从一个小小的红苞开成一朵朵鲜丽的花。她们彼此学习着怎样斜倚在枝头,怎样颤动着花蕊,怎样散发出各种各样的清雅的、浓郁的、幽甜

---

[1] 选自《紫薇童子——宗璞作品选》,宗璞著,长江少年儿童出版社,2016年版。

的芳香，给世界更增几分优美。

开着开着，花儿们看惯了春天的世界，觉得也不过如此。却渐渐地觉得自己十分重要，自己正是这美好世界中最美好的。

一个夜晚，明月初上，月光清幽，缓缓流进花丛深处。花儿们呼吸着夜晚的清新空气，都想谈心里话。榆叶梅是个急性子，她首先开口道："春天的花园里，就数我最惹人注意了。你们听人们说了吗，远望着，我简直像是朵朵红云，飘在花园的背景上。"大家一听，她把别人全算成了背景，都有点发愣。玫瑰花听她这么不谦虚，很生气，马上提醒她："你虽说开得茂盛，也不过是个极普通的品种，要取得突出的位置，还得出身名门。玫瑰是珍贵的品种，这是人所共知的。"她说着，骄傲地昂起头。真的，她那鲜红的、密密层层的花瓣，组成一朵朵异常娇艳的不太大也不太小的花，叫人忍不住想去摸一摸，嗅一嗅。

"要说出身名门——"芍药端庄地颔首微笑。当然，大家都知道芍药自古有花相之名，其高贵自不必说。不过这种门第观念，花儿们也知道是过时了。有谁轻轻嘟囔了一句："还讲什么门第，这是18世纪的话题！"芍药听了不再开口，仿佛她既重视门第，也觉得不能光看门第似的。

"花要开得好，还要开得早！"已经将残的桃花把话题转了开去，"我是冒着春寒开花的，在这北方的没有梅花的花园里，我开得最早，是带头的。可是那些耍笔杆儿的，光是松啊，竹啊，说他们怎样坚贞，就没人看见我这种突出的品质！"

"我开花也很早，不过比你稍后几天，我的花色也很美呀！"

说话的是杏花。

迎春花连忙插话道:"论美丽,实在没法子比,有人喜欢这个,有人喜欢那个,难说,难说。倒是从有用来讲,整个花园里,只有我和芍药姐姐能做药材,治病养人。"她得意地摆动着柔长的枝条,一长串的小黄花都在微笑。

玫瑰花略侧一侧她那娇红的脸,轻轻笑道:"你不知道玫瑰油的贵重吧。玫瑰花瓣儿,用途也很多呢。"

白丁香正在半开,满树如同洒了微霜,她是不大爱说话的,这时也被这番谈话吸引了,慢慢地说:"花么,当然还是要比美。依我看,颜色态度,既清雅而又高贵,谁都比不上玉兰。她贵而不俗,雅而不酸,这样白,这样美——"丁香慢吞吞地想着适当的措词。微风一过,动摇着她的小花,散发出一阵阵幽香。

盛开的玉兰也矜持地开口了。她的花朵大,显得十分凝重,颜色白,显得十分清丽,又从高处向下说话,自然而然地便有一种屈尊纡贵的神气。"丁香的花真像许多小小的银星,她也许不是最美的花,但她是最迷人的花。"她的口气是这样有把握,大家一时都想不出话来说。

忽然间,花园的角门开了,一个小男孩飞跑进来,他没有看那月光下的万紫千红,却一直跑到松树背后的一个不受人注意的墙角。在那如茵的绿草中间,采摘着野生的二月兰。

那些浅紫色的二月兰,是那样矮小,那样默默无闻。她们从没有想到自己有什么特殊招人喜爱的地方,只是默默地尽自己微薄的力量,给世界加上点滴的欢乐。

小男孩预备把这一束小花插在墨水瓶里，送给他敬爱的、终日辛勤劳碌的老师。老师一定会从那充满着幻想的颜色，看出他的心意。

　　月儿行到中天，花园里始终没有再开始谈话。花儿们沉默着，不知怎的，都有点不好意思。

### 助读交流

　　1. 文章以花喻人，表面是写群花比美，其实是对比、衬托二月兰，借二月兰的默默无闻歌颂终日辛勤劳碌的老师。如果你也代表一种花去比美论贵，你想代表什么花？又会说些什么呢？

　　2. 结尾写花儿们没再谈话，且"不知怎的，都有点不好意思"，设想一下，花儿们在想些什么？如果重新开口，她们会怎么说？

# 树木的花[1]

[日]清少纳言　　周作人　译

树木的花是梅花，不论是浓的淡的，红梅最好。樱花是花瓣大，叶色浓，树枝细，开着花（很有意思）。藤花是花房长垂，颜色美丽的开着为佳。水晶花的品格比较低，没有什么可取，但开的时节很是好玩，而且听说有子规躲在树荫里，所以很有意思。在贺茂祭的归途，紫野附近一带的民家，杂木茂生的墙边，看见有一片雪白的开着，很是有趣，好像是青色里衣的上面，穿着白的单袭的样子，正像青朽叶的衣裳，非常的有意思。从四月末到五月初旬的时节，橘树的叶子浓青，花色纯白地开着，早晨刚下着雨，这个景致真是世间再也没有了。从花里边，果实像黄金的球似的显露出来，这样子并不下于为朝露所湿的樱花。而且橘花又说是与子规有关，这更不必更加称赞了。

梨花是很扫兴的东西，近在眼前，平常也没有添在信外寄去

---

[1] 选自《枕草子》，清少纳言著，周作人译，北京时代华文书局，2019年版。

的，所以人家看见有些没有一点妩媚的颜面，便拿这花相比，的确是从花的颜色来说，是没有趣味的。但是在唐土却将它当作了不得的好，做了好些诗文讲它的，那么这也必有道理吧。勉强地来注意看去，在那花瓣的尖端，有一点好玩的颜色，若有若无的存在，他们将杨贵妃对着玄宗皇帝的使者说她哭过的脸庞是"梨花一枝春带雨"，似乎不是随便说的。那么这也是很好的花，是别的花木所不能比拟的吧。

梧桐的花开着紫色的花，也是很有意思的，但是那叶子很大而宽，样子不很好看，但是这与其他别的树木是不能并论的。在唐土说是有特别有名的鸟，要来停在这树上面，所以这也是与众不同的。况且又可以做琴，弹出各种的声音来，这只是像世间那样说有意思，实在是不够，还应该说是极好的。

树木的样子虽然是难看，楝树的花却是很有意思的，像是枯槁了的花似的，开着很别致的花，而且一定开在端午节的前后，这也是很有意思的事。

### 助读交流

1. 梅花、樱花、橘花、梨花……作者写了很多花，你喜欢他笔下的哪种花？结合内容说一说。

2. 作者多次在文中提到"很有意思"，找出相关语句，读一读，想一想：作者想表达什么样的情感？

# 闻 香[①]

丁立梅

花品如同人品,宽容、大度、热情、善良,这些加在桂花身上,都配得。

这几天,天一擦黑,我就出门。

我要闻香去,植物们的香。

闻香,白天自然也可以,但我以为,不够味。白天的喧嚣和芜杂太多,人与植物,都有些心猿意马。到了夜晚却全然不一样了,夜幕一经四合,再多的斑斓和热闹,也都迅速消融、沉淀下去,植物们的气息,浮游上来,纯粹、洁净、甜蜜,心无旁骛。

比方说现在,夜色拌调,再蘸上夜风几缕、虫鸣几声、秋露几滴,外面的香,便越发地浓情蜜意起来。勾人魂。

这是秋天精心烹饪的一道大餐,"弹压西风擅众芳,十分秋色

---

[①] 选自《有美一朵,向晚生香》,丁立梅著,作家出版社,2015年版。

为伊忙",偌大一个天地,都在喷着香、吐着甜。像刚出炉的蜂蜜糕。

对了,是桂花开了。

一出楼道口,花香就兜头兜脸地扑过来。我明明是有准备着的,还是觉得被它偷袭了,脚步欢喜得一个趔趄,哎,多好多好啊,是桂花哎。

小区里也不过植着三两棵桂花树,就香得无孔不入前赴后继的了。晚上,在小区里散步的人明显多了起来,人影绰绰。他们在花香铺满的小径上,来来回回地走,语声喁喁,搅动得花香,一波一波地流淌。我想,他们定也和我一样,闻着香的,有些贪恋。

总要忆起好几年前,也是这样的秋季,我远在秦岭深处,入住在半山腰的一幢民房里。入夜,一座山像死去般的寂静、空落,让我颇是不安,久久难以入眠。就在我辗转反侧之际,突然有花香破窗而入,甘甜黏稠,缠绵缱绻,那熟悉的气息,让我在一瞬间安了心。他乡遇故知啊,我微笑起来,深呼吸,再深呼吸,渐渐地,在花香里沉沉睡过去,一夜无梦。

晨起,我看到离屋子不远的地方,站着一棵桂花树,醇厚的绿叶间,撒落金粟点点。暗香浮动,静水流深。

"寸心原不大,容得许多香。"——这是桂花的好品德。花品如同人品,宽容、大度、热情、善良,这些加在桂花身上,都配得。

它也总要开到秋末,把秋天完美地送走,才默默退隐江湖。想想还有一些日子的桂花香可闻,我就幸福得很了。

### 助读交流

写桂花的文章有很多，但是丁立梅的这一篇非常特别：长短句的参差运用，使得语言表达活泼且灵动；夜幕四合下的小区、秦岭深处的镜头捕捉，使得桂香染上了浓浓的生活气息。桂花香到底有多浓郁醇厚？读读下面的句子，注意加点字，说说这样写的好处。

比方说现在，夜色拌调，再蘸上夜风几缕、虫鸣几声、秋露几滴，外面的香，便越发地浓情蜜意起来。勾人魂。

这是秋天精心烹饪的一道大餐，"弹压西风擅众芳，十分秋色为伊忙"，偌大一个天地，都在喷着香、吐着甜。像刚出炉的蜂蜜糕。

一出楼道口，花香就兜头兜脸地扑过来。

小区里也不过植着三两棵桂花树，就香得无孔不入前赴后继的了。

就在我辗转反侧之际，突然有花香破窗而入，甘甜黏稠，缠绵缱绻，那熟悉的气息，让我在一瞬间安了心。

# 坚守信仰的方式

欢乐到来,欢乐又归去,这正是天地间欢乐的内容;世间万物,正是寻求着这个内容,而各自完成着它的存在。

——贾平凹

## 导 读

  旷野上的树木聚族而居，默默生长；冬青叶栎不易发现，却是小松鼠的乐园；池边的榕树是孩子的朋友，寄托了许多情感。它们，不会说话，却以自己独特的生命诉说了一切。

  绝壁上的野松拥有独绝的姿容，窗外的法桐叶子鼓满着憧憬，大漠里的胡杨持有千年的荣光；野地里的蒲公英尽其所能发挥作用……它们，是大地上闪烁的星星，是有情感、有温度、有品格的生灵。

  它们，总是用独有的方式坚守着自己的信仰，完成着自己的存在。

# 合欢树①

金 波

清晨,我照例又走向那棵树。

我早已忘记是从什么时候开始注意这棵树的了。只是每次走近它的时候,总要驻足,情不自禁地再读一读树干上的那块小木牌,上面写着:

名称:合欢,豆科
用途:观赏、行道树

也许单就它的名字,就给我许多慰藉和遐想。不知为什么,我总认为它的名字一定蕴含着一个美丽的故事。

一天早晨,我又踱着步子走近它,只见它开满了粉色绒毛的花朵,羽状的叶子随风轻轻摇曳。它始终是高高兴兴地站在那儿。

我望着它柔软的枝条在空中拂扬着。我觉得,它是在招呼着

---

① 选自《和树谈心》,金波著,江苏凤凰少年儿童出版社,2007年版。

风,招呼着云,招呼着鸟。

风吹拂而过,云流散而去,只有鸟儿飞上枝头,向合欢树做亲昵的问候。

一只鸟儿飞来,紧跟着,又一只鸟儿飞来;两只鸟儿在枝头跳来跳去,追逐着、嬉戏着、欢叫着,踏响枝条。

每当鸟儿飞上枝头,合欢树就活跃起来,它的羽状的叶子,像鸟儿展开翅膀,它的绒花鲜亮得耀眼。

我忽然想到,这合欢树除了可以观赏,可以做行道树以外,似乎还有另一些用途:它是那些鸟儿的乐园;它还可以唤起我们许多美好的想象,唤起我们对于生活的一种极其细微的、发自内心的爱。

这一天,我又从合欢树下走过,我忽然想到,万物之间都是亲密的,大地是我们共同的母亲。

我用目光表达着对那棵合欢树的情意。我猜想着,它也一定在向我表达着一种只属于树的特殊的感情,用它的叶,用它的花。

### 助读交流

1. "风吹拂而过,云流散而去,只有鸟儿飞上枝头,向合欢树做亲昵的问候。"关注这句话里的加点字,想象画面。

2. 是合欢树装扮了鸟儿,还是鸟儿装扮了合欢树?读了文章,你一定有许多感触,和小伙伴交流一下。

# 榕　树[①]

[印度]泰戈尔　　郑振铎　译

喂,你站在池边的蓬头的榕树,你可曾忘记了那小小的孩子,就像那在你的枝上筑巢又离开了你的鸟儿似的孩子?

你不记得他怎样坐在窗内,诧异地望着你深入地下的纠缠的树根么?

妇人们常到池边,汲了满罐的水去,你的大黑影便在水面上摇动,好像睡着的人挣扎着要醒来似的。

日光在微波上跳舞,好像不停不息的小梭在织着金色的花毡。

两只鸭子挨着芦苇,在芦苇影子上游来游去,孩子静静地坐在那里想着。

他想做风,吹过你的萧萧的枝杈;想做你的影子,在水面上,随了日光而俱长;想做一只鸟儿,栖息在你的最高枝上;还想做那两只鸭,在芦苇与阴影中间游来游去。

---

① 选自《新月集·飞鸟集》,泰戈尔著,郑振铎译,北京十月文艺出版社,2005年版。

**助读交流**

1. 在文学作品中，榕树往往是故乡的象征。作者运用第二人称，把榕树想象成孩子的朋友，是想抒发怎样的感情呢？

2. 作者写了三个日常生活画面：妇人汲水，日光跳舞，鸭子戏水。说一说你喜欢哪一个画面，也可以试着把它画下来。

# 大漠胡杨[1]

王剑冰

大风吹起的时候,黄沙漫天飞扬。飞扬过后你会发现一只"手"自沙尘中伸出,伸得惊恐万状。

它不可怕,它是一枝干花,一枝曾经绿过、张扬过的干了的胡杨。

一群骆驼匆匆而过,还有匆匆的夕阳。

即使是一只鸟也飞走了。

只有这枝干花,像一束扭曲的神经,舞蹈,并且歌唱。

胡杨从出生的那一刻起,就注定成为荒凉的一部分,甚或说,一点点让荒凉有了立体感。

胡杨,它是水的标本。

百年千年,沙粒变幻,生命迁移,唯有胡杨,以另一种方式,坚守着信仰。

---

[1] 选自《王剑冰精短散文》,王剑冰著,大象出版社,2011年版。

就像鹰之于蓝天，鲸之于海洋，只有大漠，才能配胡杨。

我喜欢它的名字，威武、刚劲、富有气势。我喜欢它的品质，生，一千年不死，死，一千年不倒，倒了，一千年不烂。三千年岁月沧桑，活着伴孤烟，死了化陨石。活便轰轰烈烈，彻彻底底，死更坦坦荡荡，踏踏实实。生则生，死则死，生死都是堂堂正正的胡杨。

大风正在经过沙漠，胡杨，它恨不能带动整个沙漠，一同迷醉地摇荡。

### 助读交流

胡杨之于沙漠是什么？沙漠之于胡杨又是什么？说说你的理解。

# 有趣的冬青叶栎①

［美］亨利·戴维·梭罗　　赵燕飞　译

我偶尔会被问起是否知道冬青叶栎有哪些用处。虽然它们在伐木工看来一文不值，但对我来说冬青叶栎是最有趣的树种之一，就像白桦一样，在我脑海中它常与新英格兰联系在一起。对我们而言，任何我们所能感知的轻微的美，都要比我们迄今发现的看似有用或可满足某种效用的事物更具恒远的价值。

附近许多干燥的平原、宽阔的台地以及山坡上的小凹地长满了三到五英尺高的冬青叶栎。约莫十月一日，受霜冻影响，许多主枝树叶尽落，光秃秃的样子。

那些大小、尖度和果毛形态各不相同的美丽果实如今都已变成褐色，不少果实表面带有一条条深色的直线，即将落下。如果你将这些光秃秃、霜冻缠身的果柄扳弯，你会发现这些果柄同样即将脱落。事实上，一些冬青叶栎丛中的半数壳斗已经变空，这

---

① 选自《种子的信仰》，亨利·戴维·梭罗著，华中科技大学出版社，2021年版。

些空壳斗上通常留有松鼠牙齿的印记（因为松鼠在树丛中就将栎实从壳斗中取出，留下边缘被咬掉一点的壳斗），也许只有极少的栎实自动掉落。每年这个时候，花栗鼠在冬青叶栎间忙忙碌碌，这也正好是它们喜欢攀爬的高度。

虽然许多小枝光秃秃的，但这些灰褐色壳斗中的一簇簇褐色果实仍然难以分辨，除非你刻意寻找它们。地面散落着与它们颜色相似的树叶，也就是说，这片树叶散落的土地与小枝和果实有着相似的灰褐色，而你可能在尚未留意的情况下掠过一簇簇果实。于是，你挤过一丛丛布满这种有趣果实的茂密冬青叶栎，经过的树木似乎一棵比一棵漂亮。

在一些地方，小松鼠还将空壳斗留在了石头和树桩上。

如果你在一座年轻的树林里挖几个老栎树桩，哪怕它们早已腐烂殆尽，只留下一个凹洞代表其所处的位置，你也找不到任何貌似朽木或树皮的痕迹，铁锹挖起来毫无阻力。不过，你常常能找到一个从凹洞向外发散且完全开放的通道，上头还留有根部的薄膜作为墙壁，而在过去百余年间，大地已逐渐接受并尊重它。这些坑道全是松鼠和老鼠的地下通道，通往它们的巢穴和粮仓，也许几代以来都是如此。确实，每株老树桩对它们来说都是一座大都市，尽管这些树桩其实没有那么老。几乎所有树桩和周围的洞穴都有坚果壳或坚果。虽然你可能在树林里看不到任何生物，但在许多栎树的底部，会有大量的果壳。

**助读交流**

1. 结合具体内容说一说：为什么作者认为冬青叶栎是最有趣的树种之一？

2. 花栗鼠是如何在冬青叶栎间忙忙碌碌的？找出相关语句读一读，展开想象，尽量说具体，说生动。感兴趣的话，不妨把你的想象画一画。

# 黄山绝壁松[1]

冯骥才

黄山以石奇云奇松奇名天下。然而登上黄山,给我以震动的是黄山松。

黄山之松布满黄山。由深深的山谷至大大小小的山顶,无处无松。可是我说的松只是山上的松。

山上有名气的松树颇多。如迎客松、望客松、黑虎松、连理松等等,都是游客们竞相拍照的对象。但我说的不是这些名松,而是那些生在极顶和绝壁上不知名的野松。

黄山全是石峰。裸露的巨石侧立千仞,光秃秃没有土壤,尤其那些极高的地方,天寒风疾,草木不生,苍鹰也不去那里,一棵棵松树却破石而出,伸展着优美而碧绿的长臂,显示其独具的气质。世人赞叹它们独绝的姿容,很少去想在终年的烈日下或寒飙中,它们是怎样存活和生长的。

---

[1] 选自《灵魂的巢:冯骥才散文》,冯骥才著,浙江文艺出版社,2014年版。

一位本地人告诉我，这些生长在石缝里的松树，根部能够分泌一种酸性的物质，腐蚀石头的表面，使其化为养分被自己吸收。为了从石头里寻觅生机，也为了牢牢抓住绝壁，以抵抗不期而至的狂风的撕扯与摧折，它们的根日日夜夜与石头搏斗着，最终不可思议地穿入坚如钢铁的石体。细心便能看到，这些松根在生长和壮大时常常把石头从中挣裂！还有什么树木有如此顽强的生命力？

我在迎客松后边的山崖上仰望一处绝壁，看到一条长长的石缝里生着一株幼小的松树。它高不及一米，却旺盛而又有活力。显然曾有一颗松子飞落到这里，在这冰冷的石缝间，什么养料也没有，它却奇迹般生根发芽，生长起来。如此幼小的树也能这般顽强？这力量是来自物种本身，还是在一代代松树坎坷的命运中磨砺出来的？我想，一定是后者。我发现，山上之松与山下之松绝不一样。那些密密实实拥挤在温暖的山谷中的松树，干直枝肥，针叶鲜碧，慵懒而富态；而这些山顶上的绝壁松却是枝干瘦硬，树叶黑绿，矫健又强悍。这绝壁之松是被恶劣与凶险的环境强化出来的。它遒劲和富于弹性的树干，是长期与风雨搏斗的结果；它远远地伸出的枝叶是为了更多地吸取阳光……这一代代艰辛的生存记忆，已经化为一种个性的基因，潜入绝壁松的骨头里。为此，它们才有着如此非凡的性格与精神。

它们站立在所有人迹罕至的地方。那些荒峰野岭的极顶，那些下临万丈的悬崖峭壁，那些凶险莫测的绝境，常常可以看到三两棵甚至只有一棵孤松，十分夺目地立在那里。它们彼此姿态各异，也神情各异，或英武，或肃穆，或孤傲，或寂寞。远远望着它们，会心生敬意；但它们——只有站在这些高不可攀的地方，才能真正看到天地的浩荡与博大。

于是，在大雪纷飞中，在夕阳残照里，在风狂雨骤间，在云烟明灭时，这些绝壁松都像一个个活着的人：像站立在船头镇定又从容地与激浪搏斗的艄公，战场上永不倒下的英雄，沉静的思想者，超逸又具风骨的文人……在一片光亮晴空的映衬下，它们的身影就如同用浓墨画上去的一样。

但是，别以为它们全像画中的松树那么漂亮。有的枝干被飓风吹折，暴露着断枝残干，但另一些枝叶仍很苍郁；有的被酷热与冰寒打败，只剩下赤裸的枯骸，却依旧尊严地挺立在绝壁之上。于是，一个强者应当有的品质——刚强、坚韧、适应、忍耐、奋进与自信，它全都具备。

现在可以说了，在黄山这些名绝天下的奇石奇云奇松中，石是山的体魄，云是山的情感，而松——绝壁之松是黄山的灵魂。

### 助读交流

1. 黄山有名的松树颇多，为什么作者偏要描写那些生在极顶和绝壁上不知名的野松呢？

2. 文章描绘了黄山绝壁松刚强、坚韧的精神，语句有力，动人心魄。请你找一找让你印象深刻的句子，读一读。

# 一个树木之家[1]

[法]儒勒·列那尔  徐知免 译

穿越过烈日照晒下的一片平原之后,我遇到了他们。

他们因为不爱喧闹,所以不住在大路边沿。他们居住在荒芜不毛的旷野,俯临一泓唯有飞鸟才知道的清泉。

远远望过去,他们仿佛密不透风,无法进入。但等我一走近,他们的树干就豁然分开。他们谨慎地欢迎我。我可以休息、纳凉,可是我仿佛觉得他们在注视我,对我并不放心。

他们聚族而居,最年长的在中间,幼小的,其中有些柔嫩的叶片才刚刚生起,到处都是,从不分离。

他们活得很长,不易死去;即使老死的还挺立着,直至化为灰烬倒地。

他们那些修长的枝柯互相抚摸,像盲人一样,以确信大家都在。每当狂风劲吹,想把他们连根拔起,他们就张拳怒目,挥动手

---

[1] 选自《外国名家散文经典》,于文心编选,长江文艺出版社,1996年版。

臂。平时他们只是和睦地轻轻细语。

　　我感到这里才是我真正的家。兴许我将忘记我的另一个家吧。这些树木将会逐渐接纳我，而为了配得上这份雅意，我学会了应当懂得的事：

　　我已经懂得凝望浮云。

　　我也懂得了守在原地不动。

　　我几乎学会了沉默。

### 助读交流

　　1. 作者用平缓、自然的笔调带着我们，由远及近、一步一步地接近这些高大沉默的树，让人感觉他不是在面对大自然，而是在直接面对大自然的创造者。他对树的称呼是"他们"，而不是"它们"，你认为这是为什么呢？

　　2. 作者观察敏锐，抓住的其实不只是树的外形，更多的是内涵。仔细品读，试着找出那些"富有意味"的语句，体会体会。

# 树之以桑[1]

邓云乡

桑树可以长成十分高大的树,小时候家中后院有一株,长得有两三丈高,杈丫可以遮住屋顶,夏天浓绿的叶子,也可以遮阳,但当桑葚成熟时,也无法去采摘,只能任其自生自落,落得院子里满地都是,地上沾满紫色汁水,染在砖上,很久不会消失。我天性不大吃各种水果,看见这些落在地上饱熟的沾满汁水的紫桑葚,十分疑心,迄今留下深刻的印象。

北方人大概在周、秦以前,便已种桑养蚕了,后来越到近古,因战争及水土流失,不再种桑养蚕了。因此各处即使有两棵桑树,也都是孤零零的大树,再不是桑林、桑园了。《孟子》上说:"五亩之宅,树之以桑,五十者可以衣帛矣。"这"树之以桑",并非是说在宅前宅后种上三五棵桑树,就可养蚕、缫丝、织帛,而是种五亩桑林,这面积是相当大的了。"桑"字字形,从中国六书原理来

---

[1] 选自《草木虫鱼》,邓云乡著,中华书局,2015年版。选文有删减。

看：上面三个"又"字，是表示众多，大概是会意字，因而种桑总是成林的，高大的孤立的桑树，自然也是树，但对"衣帛"却不能发挥作用。记得小时候养蚕宝宝，要择桑叶，面对院中高大的桑树，就无法采叶子，只好爬上树去采，又很害怕，也够不着多少。面对茂密的桑叶，却常常为不能采择桑叶喂蚕宝宝而发愁，说来也是很可笑的。

北方很少桑林，而我在北京却见到了桑林。这也是很巧的。我读书的中学，校址在西城小口袋胡同，实际是"京华蚕业讲习所"的一部分。正门在口袋胡同中间，高大的雕砖半西式大门，里面有一排二层楼。楼的右侧有大片桑园，这排楼房后面，连着一个西式大四合院。全是我就读的那个中学的教室，这二层楼的楼上也是教室，楼下却是木机织绸的机房。那个中学的校门是在桑园后面，由桑园的南墙下绕进去。而且中间有一个大栅栏门，平日锁着，但可以望见桑园内的一切，那一排一个人高的桑树，上面都人工剪成三五拳头样的杈，俗名"桑拳"。春天由拳上发出嫩条，长满嫩绿的叶子，便可分批采来喂蚕了。我上了六年中学，年年窥探桑园的变化，春夏之间绿了，入冬之后光秃秃了，春天又绿了……这样我认识了桑树。

后来到了江南，岳家在杭州，经常往来于沪杭路上，嘉、湖一带，路上全是桑园，这正是农桑之利集中的地方，自明、清以来，财富所聚，全在这一片片桑园中小小的桑树上，因而对于种桑也是十分讲究的了。其工序按时令是非常细致的。大体是：正月，立春、雨水，天晴时种桑秧、修桑，阴雨时，撒蚕沙、编蚕帘、蚕簧；本月还要准备桑剪。二月，惊蛰、春分，天晴，浇桑秧，阴雨，修桑，捆桑绳，接桑树。三月，清明、谷雨，天晴浇桑秧，阴雨，把桑绳，修蚕具、丝车。四月，立夏、小满，天晴，谢桑，压桑秧，栽桑、浇桑秧，剪桑，雨后还要看地沟桑秧，还要买粪谢桑……一直到七月，还要修桑、把桑，忙个不停。

种桑主要是为了采叶养蚕。因此一般不注意其果实桑葚。桑葚有紫色、白色二种，糖分很多，欢喜吃的人，说是很好吃，但是我不吃，因而味道如何也不知道。

**助读交流**

1. 作者是如何介绍种桑的工序的？读一读，想一想：这段文字有什么特色？

2. 文章以桑葚之色开篇，以桑葚之味结尾，你喜欢这样的表达吗？说说你的想法。

# 无名英雄蒲公英[1]

周瘦鹃

春初我们不论到哪一处的园地里去溜达一下,总可以看见篱边阶下或石罅砖隙挺生着一种野草,几乎到处都是,大家对它太熟悉了,一望而知这就是蒲公英。只因它出身太低贱了,虽也会开黄色的花,而《群芳谱》一类花草图籍却藐视它,不给它一个小小的位置,而它不管人家藐视不藐视,还是尽其所能,发挥它治病救人的作用。

蒲公英的别名很多,共有十多个,因它贴地而生,开出黄花来,又名黄花地丁,南方也有称为黄花郎的。它是多年生草本,叶从根部抽出,有些儿像鸟羽,叶边有大锯齿,齿形向下。早春时节,叶丛中间抽一茎,顶上生花,色作深黄,形如金簪头,因此又称金簪草。花谢飞絮,絮中有籽,这些籽落在哪里,就生在哪里,所以繁殖极快。倘将花茎折断,就有白汁渗出,可治恶疮,涂之即

---

[1] 选自《弄草集》,周瘦鹃著,浙江文艺出版社,2021年版。

愈，此外如治乳痈也有特效。

据李时珍说，蒲公英还可以制成擦牙乌须还少丹，从前越王曾遇异人得此方，极能固齿牙、壮筋骨、生肾水，凡是年近八十的人服了之后，须发还黑，齿落更生，少壮的人服了，就可长葆青春，到老不衰。不知现代医学家们有未做过实验？

蒲公英不但可以入药，也可作菜蔬吃。早春叶苗初生，十分鲜嫩，即可尽量采取，上锅煠熟，用盐花酱麻油拌和，倒是绝妙的粥菜，并且有消滞健胃的效能。

古人曾有"十步之内必有芳草"之说，蒲公英即是一例。当此政府大力提倡中医中药之际，我们应该拥护这位无名英雄，使它发挥更大的作用，为人民服务。

### 助读交流

1.《群芳谱》一类花草图籍为何藐视蒲公英？

2. 文中列举了蒲公英哪几种别名？找出来，试着说说这些别名的由来。

3. 蒲公英的样貌在文中刻画得很细致，你不妨据此画一画它的样子，再去野外找一找，比较一下。

# 没有哪种生命是卑微的

这是一个沉默的奇迹。

——季羡林

## 导 读

　　林中的蘑菇各有各的生长姿态，火红的石榴是"夏天的心脏"，无人注视的柠果树总是兀自开花、默默结果。不起眼的丝瓜想生长就生长，想平躺就平躺，似乎"会思想"；香橼、木瓜、佛手、韭菜各有自己的美味。

　　好吃的，好闻的，好看的，有用的；难吃的，难闻的，难看的，无用的，它们都有属于自己的生命节奏与状态，没有哪一种生命会辜负你对它的热爱。

# 不为人见的蘑菇①

[俄]普里什文　　潘安荣　译

朔风吹起,手露在外面就冻得冰凉。可蘑菇还在一个劲儿地长;有毛头乳菌,牛肝菌,还有松乳菌,不过白蘑菇还是鲜见。

昨天撞见的蛤蟆菌长得真不错,自身生得暗红,从蘑菇帽底下,顺着菇腿儿却溜下来小白裤子,还皱巴巴的呢。近旁的毛头乳菌也煞是漂亮,周身挺秀,圆嘬起小嘴,舔个不停,水嫩嫩,机灵灵。

同是松乳菌,差别却很大:有时候,这种菌长得浑身油光光,还会生虫子,可是有时候,也能见到肥厚、有弹性的,甚至会"刺溜"一声从你手里跳出去。

瞧那个牛肝菌:长到了枝杈上,菇盖被枝条勒开,活像兔子嘴。

有个蘑菇长得足有小木屋那么大,菇盖几乎压到了地——这是一只生长了很久的红菇。

---

① 选自《大地的眼睛》,普里什文著,潘安荣等译,长江文艺出版社,2005年版。

密密层层的山杨树,一棵挤着一棵,就连本该生在山杨树下的变形牛肝菌,也变着法子到云杉下舒舒服服地安身。

所以我们说,即使有种蘑菇叫作山杨树下的牛肝菌,但这全然不是指每一个变形牛肝菌都必然长在山杨树下,而本该生在白桦树下的鳞皮牛肝菌也未必一定长到桦树下。常常是变形牛肝菌藏身在云杉下,鳞皮牛肝菌则公然置身于云杉林中的空地上。

严寒即至,冰雪就要把蘑菇湮没。林中还有多少蘑菇,不为人见,甚至来不及释放孢子,就化为乌有,投入万物共食的锅中,化作共用的肥料,参与整体的新陈代谢。

我不由替林中那些夭折的、不为人见的蘑菇感到惋惜。它们就这样消失得没了踪影,终不为人知。

### 助读交流

蘑菇种类多,样子也各不相同。重要的是,作者把这些蘑菇写得富有情趣。读读下面的句子,留意加点字,你的眼前一定会浮现出生动的画面。

◇近旁的毛头乳菌也煞是漂亮,周身挺秀,圆嘬起小嘴,舔个不停,水嫩嫩,机灵灵。

◇可是有时候,也能见到肥厚、有弹性的,甚至会"刺溜"一声从你手里跳出去。

◇瞧那个牛肝菌:长到了枝杈上,菇盖被枝条勒开,活像兔子嘴。

# 芜 菁[①]

[美] 亨利·戴维·梭罗　　梁枫　译

生芜菁。七月十五日。

又是一个手指几乎要冻僵的黄昏，不妨去拔芜菁来感觉好些。这样的天气里，我常要寻这一点乐子，倘若迟了，芜菁难免会冻在土里。花这点时间是值得的，看它们如何依然青葱健硕，孜孜不倦地为来年储存着养分；在已经干枯但绿色尚未褪尽的叶子中间，有时能见到芜菁那深红浑圆的头顶，有的还带着圆齿，拱出地面好多，真够勇敢的。它们令你想起，严寒中被冻成玫瑰色的脸蛋儿，而这两者确乎有某种关联。你若是那个播种的人，并且其实并没怎么侍弄它，那么任何一种收获，哪怕是天寒地冻、手指僵硬时去拔芜菁，也是饶有趣味的。

---

[①] 选自《野果》，亨利·戴维·梭罗著，梁枫译，文化发展出版社，2017年版。

**助读交流**

1. 在一个手指几乎要冻僵的黄昏,拔芜菁怎么会让梭罗觉得"饶有趣味"呢?感兴趣的话再去读读这本《野果》,也许你会有更多的感触。

2. 从外形上看,常有人搞混萝卜和芜菁,读完这篇短文,建议你去查一查资料,再去菜市场看一看,试着区分这两种蔬菜。

# 石 榴①

郭沫若

五月过了,太阳增加了它的威力,树木都把各自的伞盖伸张了起来,不想再争妍斗艳的时候;有少数的树木却在这时开起了花来。石榴树便是这少数树木中的最可爱的一种。

石榴有梅树的枝干,有杨柳的叶片,奇崛而不枯瘠,清新而不柔媚,这风度实兼备了梅柳之长,而舍去了梅柳之短。

最可爱的是它的花,那对于炎阳的直射毫不避易的深红的花。单瓣的已够陆离,双瓣的更为华贵,那可不是夏季的心脏吗?

单那小茄形的骨朵已经就是一种奇迹了。你看,它逐渐翻红,逐渐从顶端整裂为四瓣,任你用怎样犀利的剪刀也都剪不出那样的匀称,可是谁用红玛瑙琢成了那样多的花瓶儿,而且还精巧地插上了花?

单瓣的花虽没有双瓣的豪华,但它却更有一段妙幻的演艺,

---

① 选自《郭沫若选集:上》,郭沫若著,开明出版社,2016年版。

红玛瑙的花瓶儿由希腊式的安普剌变为中国式的金罍（léi），殷周时古味盎然的一种青铜器。博古家所命名的各种铺彩，它都是具备着的。

你以为它真是盛酒的金罍吗？它会笑你呢。秋天来了，它对于自己的戏法好像忍俊不禁地，破口大笑起来，露出一口的皓齿，那样透明光嫩的皓齿你在别的地方还看见过吗？

我本来就喜欢夏天。夏天是整个宇宙向上的一个阶段，在这时使人的身心解脱尽重重的束缚。因而我更喜欢这夏天的心脏。

有朋友从昆明回来，说昆明石榴特别大，子粒特别丰腴，有酸甜两种，酸者味更美。

禁不住唾津的潜溢了。

**助读交流**

1. 作者对石榴的观察细致准确、生动真切。如果让你介绍石榴花，你会怎么介绍呢？

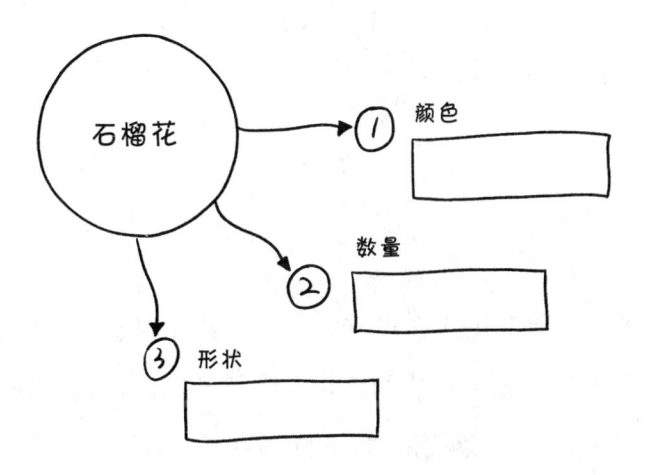

```
         ①  颜色 [        ]
石榴花 →  ②  数量 [        ]
         ③  形状 [        ]
```

2. 借助下面的资料卡，请你思考一下，作者说石榴是"夏天的心脏"有什么特殊的含义吗？

---

**资料卡**

1942年，正是抗日战争极端困难的关头：国民党反动派妥协投降，镇压抗日救国运动，亲日顽固派大肆鼓吹崇外媚日、投降屈从的反动论调，一些政界人物和文化人士变节投敌，苟且偷生；而共产党则高举抗日救亡大旗，坚持抗战，力挽狂澜。在此背景下，郭沫若写了这篇文章。

# 香橼·木瓜·佛手[1]

汪曾祺

我家的"花园"里实在没有多少花。花园里有一座"土山"。这"土山"不知是怎么形成的,是一座长长的隆起的土丘。"山"上只有一棵龙爪槐,旁枝横出,可以倚卧。我常常带了一块带筋的酱牛肉或一块榨菜,半躺在横枝上看小说,读唐诗。"山"的东麓有两棵碧桃,一红一白,春末开花极繁盛。"山"的正面却种了四棵香橼。我不知道我的祖父在开园堆山时为什么要栽了这样几棵树。这玩意就是"橘逾淮南则为枳"的枳(其实这是不对的,橘与枳自是两种)。这是很结实的树。木质坚硬,树皮紧细光滑。叶片经冬不凋,深绿色。树枝有硬刺。春天开白色的花。花后结圆球形的果,秋后成熟。香橼不能吃,瓤极酸涩,很香,不过香得不好闻。凡花果之属有香气者,总要带点甜味才好,香橼的香气里却带有苦味。香橼很肯结,树上累累的都是深绿色的果子。香橼算

---

[1] 选自《汪曾祺散文精选》,汪曾祺著,长江文艺出版社,2013年版。

是我家的"特产",可以摘了送人。但似乎不受欢迎。没有什么用处,只好听它自己碧绿地垂在枝头。到了冬天,皮色变黄了,放在盘子里,摆在水仙花旁边,也还有点意思,其时已近春节了。总之,香橼不是什么佳果。

香橼皮晒干,切片,就是中药里的枳壳。

花园里有一棵木瓜,不过不大结。我们所玩的木瓜都是从水果摊上买来的。所谓"玩",就是放在衣口袋里,不时取出来,凑在鼻子跟前闻闻。——那得是较小的,没有人在口袋里揣一个茶叶罐大小的木瓜的。木瓜香味很好闻。屋子里放几个木瓜,一屋子随时都是香的,使人心情恬静。

我们那里木瓜是不吃的。这东西那么硬,怎么吃呢?华南切为小薄片,制为蜜饯。——厦门人是什么都可以做蜜饯的,加了很多味道奇怪的药料。昆明水果店将木瓜切为大片,泡在大玻璃缸里。有人要买,随时用筷子夹出两片。很嫩,很脆,很香。泡木瓜的水里不知加了什么,否则这木头一样的瓜怎么会变得如此脆嫩呢?中国人从前是吃木瓜的。《东京梦华录》载"木瓜水",这大概是一种饮料。

佛手的香味也很好。不过我真不知道一个水果为什么要长得这么奇形怪状!佛手颜色嫩黄可爱。《红楼梦》中贾母提到一个蜜蜡佛手,蜜蜡雕为佛手,颜色、质感都近似,设计这件摆设的工匠是个聪明人。蜜蜡不是很珍贵的玉料,但是能够雕成一个佛手那样大的蜜蜡却少见,贾府真是富贵人家。

佛手、木瓜皆可泡酒。佛手酒微有黄色,木瓜酒却是红色的。

## 助读交流

1. 香橼、木瓜、佛手，它们在形状上有一点儿相近，却各有气味和情态。读读文章，比较一下，完成下面的表格。

| 特点＼名称 | 香橼 | 木瓜 | 佛手 |
|---|---|---|---|
| 形状 | | | |
| 颜色 | | | |
| 味道 | | | |

2. 作者把香橼、木瓜、佛手放在一起比较着写，是想表示自己最喜欢哪一个吗？你觉得其中暗含了怎样的心思呢？

# 那棵卑微的杧果树是
# "热带果王" ①

何腾江

三叔将杧果树种在家门口的时候,树苗并不起眼,矮矮的,躲在墙角处,低调得被人时常忽略。毕竟,它的旁边还有一棵又一棵高耸的龙眼树,密密匝匝的枝叶,霸着大片大片的天空,似乎在耀武扬威道:

"这一片天空,都是我的。"

杧果树并不争辩,悄无声息地长叶伸枝。它矮到尘土里的样子,让人看了心疼。可是,它并不太在乎,默默地生长着。

偶尔有一个小孩跑过来,调皮得很,用脚踢了踢它的枝叶。它颤颤巍巍地摇了一两下,努力让自己站稳。待小孩走远了,轻风过来轻轻抚摸它,阳光也会穿过密密匝匝的龙眼树枝叶,跑下来拥抱它。

---

① 选自《三十只鸟儿正飞过》,何腾江著,新世纪出版社,2021年版。

有轻风，有阳光，有土壤，于杧果树而言，就够了。

雷州半岛常年高温，干旱的日子居多，而杧果树恰好喜高温，不耐寒，却耐旱。这里不正好给它提供了天然的生长环境吗？可是，乡下房前屋后的杧果树并不多，它们也许是长在植物园里了吧？

那棵杧果树在无人注视的地方潜滋暗长，恰好碰上了干旱季节，三两个月都未曾下过一滴雨。许多植物垂头丧气，它却铆足了劲似的，枝叶三下五下就长了起来，整个树冠像一个巨大的球形。它跟龙眼树争地盘，你的枝叶伸过来，我的枝叶伸过去，不相上下。

到了开花的季节，杧果树似乎不那么客气了，该开花就开花，该结果就尽早结果。它的花序直立，呈淡黄色；俯身而闻，芳香扑鼻，让人心花怒放。而它结的果实，从最初青嫩的黄绿色渐渐变为土褐色，最终渐次变为褐红色，便是熟了，密密匝匝挂在枝头，仿佛要挑衅龙眼树——你的果实，有我的大吗？有我的重吗？

在植物界，杧果拥有"热带果王"的美誉，果肉细腻又甜美，颇有江湖地位。你看超市里的那些杧果，躺在货架上，标着高昂的价格，大概就知道它享有至尊的待遇。可是，到了乡下，它的地位一下子就跌落神坛。

绕着村子走一圈，很容易就发现，家家户户的房前屋后，龙眼树、荔枝树遍布，而杧果树却是少之又少。龙眼也好，荔枝也罢，随手摘下，随口可吃，简单又方便。杧果则不然，徒手吃杧果，不是一件容易的事——手上湿漉漉地流着黄澄澄的汁液，嘴巴上也沾满了皮毛……颇为不雅。

在吃的方面，乡下人遵循的也许是简单又简便的自然吃法，而杧果看似复杂的吃法，终究是没有被乡下人待见的。在雷州半岛，有这样的几句乡谣，就直白地唱出了它卑微的命运——

傻钱买杧果
咬深咬了骨
咬浅咬了毛

**助读交流**

1. 你喜欢杧果吗？喜欢它的什么？从文中找出相应的句子，印证你的说法。

2. 有"热带果王"美誉的杧果为什么又是"卑微"的？说说你的理解。

# 神奇的丝瓜[①]

季羡林

今年春天,孩子们在房前空地上,斩草挖土,开辟出来了一个一丈见方的小花园。周围用竹竿扎了一个篱笆,移来了一棵玉兰花树,栽上了几株月季花,又在竹篱下面随意种上了几棵扁豆和两棵丝瓜。土壤并不肥沃,虽然也铺上了一层河泥,但估计不会起很大的作用,大家不过是玩玩而已。

过了不久,丝瓜竟然长了出来,而且日益茁壮、长大。这当然增加了我们的兴趣。但是我们也并没有过高的期望。我自己每天早晨工作疲倦了,常到屋旁的小土山上走一走,站一站。看看墙外马路上的车水马龙和亚运会招展的彩旗,顾而乐之,只不过顺便看一看丝瓜罢了。

丝瓜是普通的植物,我也并没想到会有什么神奇之处。可是突然有一天,我发现丝瓜秧爬出了篱笆,爬上了楼墙。以后,每天

---

[①] 选自《季羡林散文》,季羡林著,浙江文艺出版社,2014年版。

看丝瓜,总比前一天向楼上爬了一大段;最后竟从一楼爬上了二楼,又从二楼爬上了三楼。说它每天长出半尺,决非夸大之词。丝瓜的秧不过像细绳一般粗,如不注意,连它的根在什么地方,都找不到。这样细的一根秧竟能在一夜之间输送这样多的水分和养料,供应前方,使得上面的叶子长得又肥又绿,爬在灰白的墙上,一片浓绿,给土墙增添了无穷活力与生机。

这当然让我感到很惊奇,我的兴趣随之大大地提高。每天早晨看丝瓜成了我的主要任务,爬小山反而成为次要的了。我往往注视着细细的瓜秧和浓绿的瓜叶,陷入沉思,想得很远、很远……

又过了几天,丝瓜开出了黄花。再过几天,有的黄花就变成了小小的绿色的瓜。瓜越长越长,越长越长,重量当然也越来越增加,最初长出的那一个小瓜竟把瓜秧坠下来了一点,直挺挺地悬垂在空中,随风摇摆。我真是替它担心,生怕它经不住这一份重量,会整个地从楼上坠了下来落到地上。

然而不久就证明了,我这种担心是多余的。最初长出来的瓜不再长大,仿佛得到命令停止了生长。在上面,在三楼一位一百零二岁的老太太的窗外窗台上,却长出来两个瓜。这两个瓜后来居上,发疯似的猛长,不久就长成了小孩胳膊一般粗了。这两个瓜加起来恐怕有五六斤重,那一根细秧怎么能承担得住呢?我又担心起来。没过几天,事实又证明了我是杞人忧天。两个瓜不知从什么时候忽然弯了起来,把躯体放在老太太的窗台上,从下面看上去,活像两个粗大弯曲的绿色牛角。

不知道从哪一天起,我忽然又发现,在两个大瓜的下面,在二三楼之间，在一根细秧的顶端，又长出来了一个瓜，垂直地悬在那里。我又犯了担心病：这个瓜上面够不到窗台，下面也是空空的；总有一天，它越长越大，会把上面的两个瓜也坠了下来，一起坠到地上，落叶归根，同它的根部聚合在一起。

然而今天早晨，我却看到了奇迹。同往日一样，我习惯地抬头看瓜：下面最小的那一个早已停止生长，孤零零地悬在空中，似乎一点分量都没有；上面老太太窗台上那两个大的，似乎长得更大了，威武雄壮地压在窗台上；中间的那一个却不见了。我看看地上，没有看到掉下来的瓜。等我倒退几步抬头再看时，却看到那一个我认为失踪了的瓜，平着身子躺在抗震加固时筑上的紧靠楼墙凸出的一个台子上。这真让我大吃一惊。这样一个原来垂直悬在空中的瓜怎么忽然平身躺在那里了呢？这个凸出的台子无论是从上面还是从下面都是无法上去的，绝不会有人把瓜摆平的。

我百思不得其解，徘徊在丝瓜下面，像达摩老祖一样，面壁参禅，我仿佛觉得这棵丝瓜有了思想。它能考虑问题，而且还有行动，它能让无法承担重量的瓜停止生长；它能给处在有利地形的大瓜找到承担重量的地方，给这样的瓜特殊待遇，让它们疯狂地长；它能让悬垂的瓜平身躺下。如果不是这样的话，无论如何也无法解释我上面谈到的现象。但是，如果真是这样的话，又实在令人难以置信，丝瓜用什么来思想呢？丝瓜靠什么来指导自己的行动呢？上下数千年，纵横几万里，从来也没有人说过，丝瓜会有思想。我左考虑，右考虑，越考虑越糊涂。我无法同丝瓜对话。这是一个沉默的奇迹。瓜秧仿佛成了一根神秘的绳子，绿叶上照样浓翠扑人眉宇。我站在丝瓜下面，陷入梦幻。而丝瓜则似乎心中有数，无言静观，它怡然泰然悠然坦然，仿佛含笑面对秋阳。

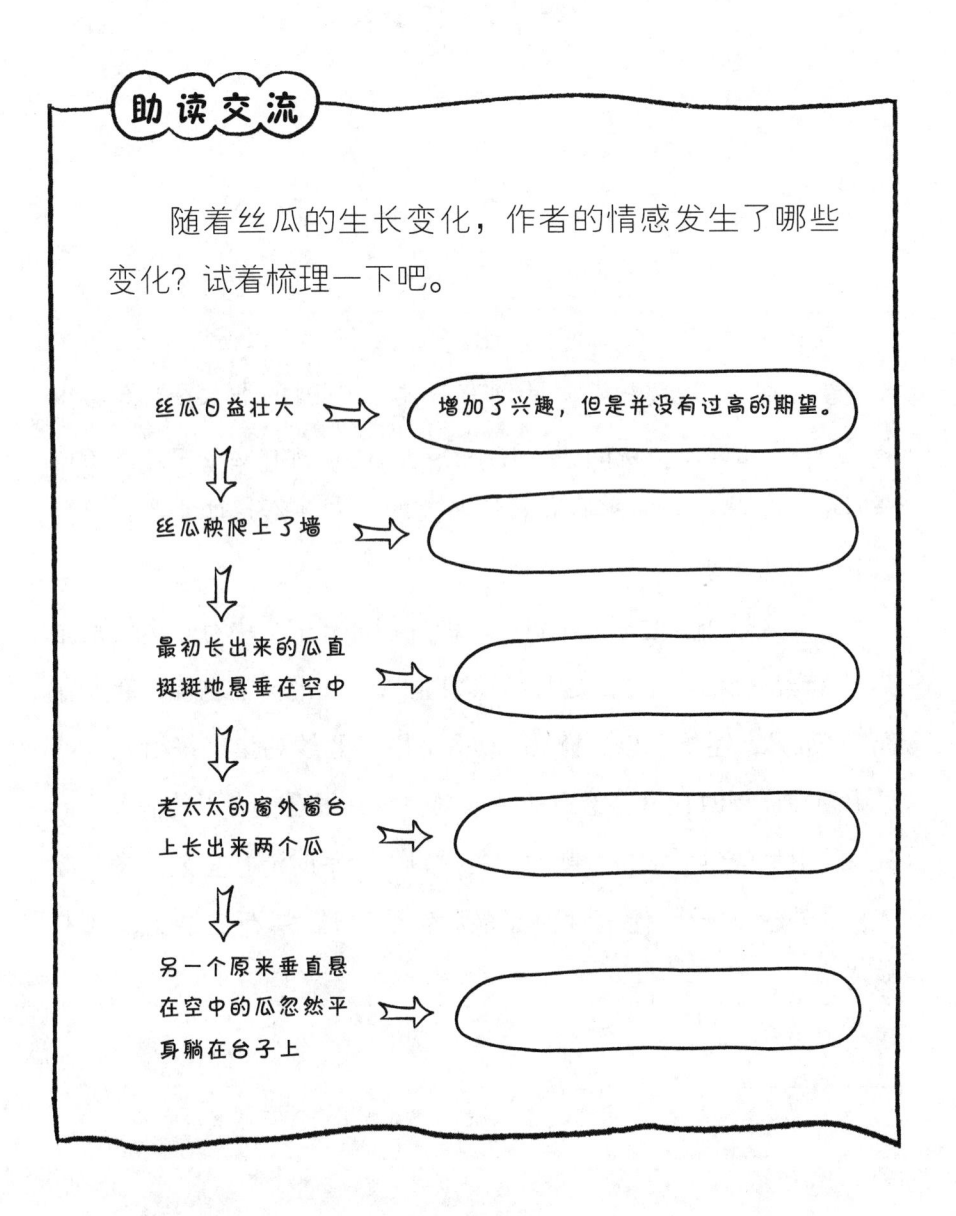

## 助读交流

随着丝瓜的生长变化，作者的情感发生了哪些变化？试着梳理一下吧。

丝瓜日益壮大 ⇨ 增加了兴趣，但是并没有过高的期望。

⇩

丝瓜秧爬上了墙 ⇨ 

⇩

最初长出来的瓜直挺挺地悬垂在空中 ⇨ 

⇩

老太太的窗外窗台上长出来两个瓜 ⇨ 

⇩

另一个原来垂直悬在空中的瓜忽然平身躺在台子上 ⇨ 

文学里的草木芳菲

# 春初早韭[1]

叶灵凤

新年第一次逛书店，见到有一本《中国的韭菜》（蒋名川著）。想到孔夫子所说的"不时不食"之诫，新春吃韭菜，该是最合时的，虽然这是一本研究栽培韭菜的书，并不是炒韭菜，但我仍旧顺手买了来。

从前人过年要吃"五辛盘"以辟疫疠。五辛之中有一辛便是韭菜。《诗经·豳风》："四之日献羔祭韭"；《礼记》上也说，庶人春天"荐韭"，还要配以"卵"，似乎是用春韭炒鸡蛋来祭祖先，可见中国在商周时代就已经以韭菜入馔，而且很看重春天的韭菜。

《山家清供》载，六朝时代的周颙[2]，平时清贫寡欲，终日常蔬食，惠文太子问他蔬食何味最胜？他答道："春初早韭，秋末晚菘。"

---

[1] 选自《叶灵凤散文》，叶灵凤著，浙江文艺出版社，2003年版。
[2] 周颙（yóng），南朝齐作家。

菘就是白菜。秋末冬初经了霜的白菜，滋味特别好，称为晚菘。春初早韭则是指我们今日所说的韭黄。从前用人工培植韭黄的技术不普遍，产量也少，尤其在北方，在严冬新春之际要吃韭黄，那价钱可说与人参燕窝差不多，因此，从前北方人在新年的宴会上用韭黄，只有富豪之家才有这享受，认为是珍味。可是在林下淡泊自守的清贫之士又不同，小园的畦间常年种有韭菜，因此像周颙那样的人，也有机会可以领略"春初早韭"的滋味了。

中国人种植韭菜，不仅历史悠久，而且也极普遍，从西北的边塞直到南方都有。韭菜栽种一次，只要韭菜长得有五六寸长了，就随时可以割下来上市，不必连根拔起，余下的根慢慢地会长出新叶，不久又有新的收获了。据《中国的韭菜》一书所说，韭菜的寿命很长，能够耐寒耐热，栽种一次，若是培养得法，按时割叶，可以持续至三十年之久，不似白菜萝卜，只能种一次收一次。

广东人对于韭菜，没有北方人那么看重。北方人是一年四季经常吃韭菜的，而且非常爱吃，吃的花样也多。除了春天吃韭黄以外，还要吃韭菜花、韭菜莲。平时则吃韭菜叶。韭黄包春卷，韭菜莲炒猪肉丝，都是广东人所说的时菜。至于韭菜本身，一年四季蒸包子，包饺子，炒鸭蛋，煮豆腐，炒豆腐渣，都是不可或缺的，而且吃起来又是价廉物美。安徽山东一带乡下人，还懂得腌韭菜，将又长又肥的韭菜扎成把，用盐腌了密封在罐里，时候够了取出来佐稀饭，比泡菜和腌菜又别有一番滋味。

韭菜也很有医药价值，我们只要一翻李时珍的《本草》就可以知道。它还有一个古怪的别名，称为"起阳草"哩。

### 助读交流

1. 寻常韭菜被作者引经据典,形容得有如天物。想一想:作者是从哪几个方面介绍韭菜的?"韭菜也很有医药价值",留意段落中这样的关键句,你一定能有所发现。

2. 成语"春韭秋菘"和"早韭晚菘"便出自"春初早韭,秋末晚菘"(《南齐书·周颙传》)这一典故。感兴趣的话,可以查阅资料进一步了解。

3. 人们常会将韭菜、大葱、韭黄等蔬菜搞混,你分得清吗?跟小伙伴说说你的观察与发现。

# 植物的心志

大自然不需要温情也没有温情,生命体把美和力量裹在了一起。

——鲍尔吉·原野

## 导 读

  梧桐生在两屋中间，将清荫和诗意分享给两家；被幽囚的常春藤，尖端总朝着窗外的方向；北国的晚春时节，麦管吹出的声音使人心旌摇荡；树根扎下去的地方，一株玫瑰悄然绽放。

  鲍尔吉·原野说："大自然不需要温情也没有温情，生命体把美和力量裹在了一起。"看，牛蒡花倔强而桀骜不驯，丑陋的树根也可以延伸出美丽，山菊花有钢铁般的力量，护盆草熬过冬天，战胜苦难，爬山虎堪称植物界的"蜘蛛侠"，可以爬过陡峭光滑的墙壁和山崖。它们，有属于自己的心志和胸怀。在它们面前，人类只能默默致敬。

# 山菊花[1]

鲍尔吉·原野

沿着浩瀚的海面，风从千里万里跑来。

磊落的石壁被它所看不清的风撞晕了，身上却没有伤痕。山回头看风，风的身体透明。云是什么？那是风奔跑时的呼吸。

山扎根海边，比内陆的峰岭更简约、结实，也更黑，跟渔民差不多。它身上没有一点浮夸的饰物，啰嗦零碎都被风吹走。山眼前，海浪像卷心菜层层叠叠地开放。山的背后是山的背篓，里面的草木大棵如罗汉松，小片是山花野草。

如果把这座山看成一条鱼，脊背这一侧草木葱茏，另一侧裸岩光洁。

——光洁的石壁上开着花，一片又一片的野菊花。

这不是做梦。假如去福州的东京山顶峰一游，此景顷接眼底。在被海风劲吹的疏阔的山坡上，野菊花片片开放。

---

[1] 选自《草木山河》，鲍尔吉·原野著，浙江文艺出版社，2012年版。

平地的野菊花，每株可以长几十个、上百个花苞。东京山的野菊每株只开一朵花，叶子也精简到两片。

野菊花紧紧贴在山坡上。它用了多大力量才在这里生长？如果是人，早跑到了避风的地方。东京山的菊花对海风说："不！"

说"不"的花有钢铁般的力量。什么叫搏斗？什么叫坚持？它们都知道。

野菊放射炫目的黄，像大桶的颜料洒在褐石板上。也如凡·高的《向日葵》，葵花聚合强烈的日光……

看到这片花，我本想说"心疼"，然而收回了这个词。它们一定不允许我使用这个貌似温情的词。大自然不需要温情也没有温情，生命体把美和力量裹在了一起。

在野花的种属里，只有它们见过海浪，仰面接受赤裸的太阳的照耀，它们悉知悬崖孤松的心境，有一副松树的情怀。

山顶上，我不忍采集如此顽强生长的花。曾想采一束送给那些吃苦如饴、面朝大海的人。他们虽然吃苦，虽然卑微，却长在临风的山梁。

**助读交流**

  1. 东京山的野菊与平地的野菊花有什么不同？你认为是什么给了它们独特的外形或风貌？

  2. 作者由山菊花想到那些吃苦如饴、面朝大海的人。他是如何把这两者联系到一起的？试着找出相关语句，读一读。

# 玫瑰树根[1]

［智利］加夫列拉·米斯特拉尔　　雷怡　译

地下同地上一样，有生命，有一群懂得爱和憎的生物。

那里有黢黑的蠕虫，黑色绳索似的植物根，颤动的亚麻纤维似的地下水的细流。

据说还有别的：身材比晚香玉高不了多少的土地神，满脸胡子，弯腰曲背。

有一天，细流遇到玫瑰树根，说了下面的一番话：

"树根邻居，像你这么丑的，我从来没有见过呢。谁见了你都会说，准是一头猴子把它的长尾巴插在地里，扔下不管，径自走了。看来你想模仿蚯蚓，但是没有学会它优美圆润的动作，只学会了喝我的蓝色汁液。我一碰上你，就被你喝掉一半。丑八怪，你说，你这是干什么？"

---

[1] 选自《艺术的绝响——外国现代卷》，欧阳友权编著，中南工业大学出版社，1998年版。

卑贱的树根说：

"不错，细流兄弟，在你眼里我当然没有模样。长期和泥土接触，使我浑身灰褐；过度劳累，使我变了形，正如变形的工人胳臂一样。我也是工人，我替我身体见到阳光的延伸部分干活。我从你那里吸取了汁液，就是输送给她的，让她新鲜娇艳；你离开以后，我就到远处去寻觅维持生命的汁液。细流兄弟，总有一天，你会到太阳照耀的地方。那时候，你去看看我在日光下的部分是多么美丽。"

细流并不相信，但是出于谨慎，没有作声，暗忖道：等着瞧吧。

当他颤动的身躯逐渐长大，到了亮光下时，他干的第一件事就是去寻找树根所说的延伸部分。

天啊！他看到了什么呀。

到处是一派明媚的春光，树根扎下去的地方，一株玫瑰把土地装点得分外美丽。

沉甸甸的花朵挂在枝条上，在空气中散发着甜香和一种幽秘的魅力。

成渠的流水沉思地流过鲜花盛开的草地：

"天啊！想不到丑陋的树根竟然延伸出美丽……"

**助读交流**

　　在作者笔下，细流和玫瑰树根会思考，会说话。本文初读像一篇有趣的童话，但它又不止于此。妙趣横生的对话，透露出细腻微妙的心理，细细品读，你有哪些不一样的感受？

# 麦管和芦笛[1]

司马中原

麦子茁壮时，遍野都是绿绿的柔浪。

云片上跌下的风，像顽童跌在草垛上，顺着大片的麦田，一路撒欢儿打滚，滚出一道道推着涌着的柔浪，一直撞击着远远的天。布谷鸟没飞临，芦雀的叫声又很难听，这季节在各处伸着手，向村野的孩童们要点儿好听的声音。

那就给它添些麦管和芦笛罢。

北国的晚春时节，没有几个村野的孩童不爱吹麦管、奏芦笛的；人躺在麦田边的土垄上，野花野草铺成一张五色缤纷的大毡子，风轻柔地抚摸着人脸上每个细小的汗毛孔，带着香，带着甜，带着花蜜的气味，使人兴起一份酣畅过度的慵懒。

睁眼去看天，亮晶晶的蓝沫子滴进人的眼，把瞳仁儿都给洗亮了；蝴蝶在人头上振着彩翅，一阵舞过千只万只来，仿佛是谁

---

[1] 选自《握一把苍凉》，司马中原著，江苏文艺出版社，2014年版。

在上风处撒出大把的彩纸屑；能啼能叫的鸟雀们啼尽了春，都不知躲到哪座又深又密的野林里睡觉去了，四周留下一片静，静得能听见麦叶们温寂的言语，以及小蚱蜢在耳侧草丛时抖翅的微音。

人到这时，就会想叫嚷些什么，哼唱些什么，让柔风把人满心的欢快播撒开去。叫嚷和哼唱都配不上这种暮春时节的原野上的风景，只好拔一把麦茎儿，放在嘴里咀嚼着。

第一枝麦管，许就是这样吹起来的罢？麦茎儿一端嫩黄嫩黄的，含在嘴里，能吮吸出一股清香的甜味。我们吹的麦管，就是用吮过的另一端较青的麦截儿做成的。我们把那截短短的麦茎衔在嘴里，微微撮起嘴唇，用舌尖顶住管尾，吐气穿过管心细细的孔洞，就能使它发出声音来。按理说，那跟一般人吹口哨很类似，但空口打出的口哨声仍旧听出是人声，一透过那截神奇的麦管，它就变成美妙悦耳的天籁了。无论如何，小小的一截麦管不是乐器。它的声音也是原始的、单纯的，而那种或高或低的咿唔，却是那么浑圆，那么柔润，有一种暮春的黏性，仿佛那是一股子浓腻的流液，徐徐地打管心挤出来，变成一条曲折回环，牵人撩人的声音的带子，捆着谁，谁就会惜春，就会慵懒。

咿呀咿呀咿——呀咿呀，咿呀咿……

呀咿呀咿，咿呀呀……

**助读交流**

1. 北国的晚春时节,风是香甜的,麦浪是轻柔的,麦管吹出的声音是怎样的?从文中找出相关的语句,读一读,再想一想吹奏的人是怎样的心情。

2. 北国的晚春是否让你心生向往?有机会的话和你的家人一起踏上北国的寻春之旅吧!

文学里的草木芳菲

# 秃的梧桐①

苏雪林

——这株梧桐,怕再也难得活了!

人们走过秃梧桐下,总这样惋惜地说。

这株梧桐,所生的地点,真有点奇怪,我们所住的屋子,本来分做两下给两家住的,这株梧桐,恰恰长在屋前的正中,不偏不倚,可以说是两家的分界牌。

屋前的石阶,虽仅有其一,由屋前到园外去的路却有两条——一家走一条,梧桐生在两路的中间,清荫分盖了两家的草场,夜里下雨,潇潇渐渐打在桐叶上的雨声,诗意也两家分享。

不幸园里蚂蚁过多,梧桐的枝干,为蚁所蚀,渐渐地不坚牢了,一夜雷雨,便将它的上半截劈折,只剩下一根二丈多高的树身,立在那里,亭亭有如青玉。

---

① 选自《岁月的剪影——名家散文》,罗文英编,华中科技大学出版社,2014年版。

春天到来，树身上居然透出许多绿叶，团团附着树端，看去好像一棵棕榈树。

谁说这株梧桐不会再活呢？它现在长了新叶，或者更会长出新枝，不久定可以恢复从前的美荫了。

一阵风过，叶儿又被劈下来，拾起一看，叶蒂已啮断了三分之二——又是蚂蚁干的好事，哦！可恶！

但勇敢的梧桐，并不因此挫了它的志气。

蚂蚁又来了，风又起了，好容易长得掌大的叶儿又飘去了，但它不管，仍然萌新的芽，吐新的叶，整整地忙了一个春天，又整整地忙了一个夏天。

秋来，老柏和香橙还沉郁地绿着，别的树却都憔悴了。年近古稀的老榆，护定它青青的叶，似老年人想保存半生辛苦储蓄的家私，但哪禁得西风如败子，日夕在耳畔絮聒？——现在它的叶儿已去得差不多，园中减了葱茏的绿意，却也添了蔚蓝的天光。爬在榆干上的薜荔，也大为喜悦，上面没有遮蔽，可以酣饮风霜了，它脸儿醉得枫叶般红，陶然自足，不管垂老破家的榆树，在它头上瑟瑟的悲叹。

大理菊东倒西倾，还挣扎着在荒草里开出红艳的花，牵牛的蔓，早枯萎了，但还开花呢，可是比从前纤小，冷风凉露中，泛满浅紫嫩红的小花，更觉娇美可怜。还有从前种麝香连理花和凤仙花的地里，有时也见几朵残花，秋风里，时时有玉钱蝴蝶，翩翩飞来，停在花上，好半天不动，幽情凄恋，它要僵了，它愿意僵在花儿的冷香里！

这时候，园里另外一株桐树，叶儿已飞去大半，秃的梧桐，自然更是一无所有，只有亭亭如青玉的干，兀立在惨淡斜阳中。

——这株梧桐，怕再也不得活了！

人们走过秃梧桐下，总是这样惋惜似的说。

但是，我知道明年还有春天要来。

明年春天仍有蚂蚁和风呢？

### 助读交流

1. 明明是写梧桐树，为什么作者还要写园中其他花木的情态？思考这样写的用意。

2. 梧桐长了秃，秃了长……年复一年，从不气馁。你觉得作者仅仅是在赞美梧桐吗？如果不是，那又是在赞美什么呢？

# 虎能爬山全靠脚[1]

高东生

植物太寻常了,放眼一望,匍匐在地的草,牵扯攀爬的藤,奋发向上的树,到处都是,因而我们常常忽略了它们为生存而演化出的奇特本领。

我种过爬山虎,扦插,几十根,几乎全活,第一年就爬了一人多高。秋后落尽叶子后我也没剪掉它们的枝条,只去掉了几根干枯的,留着它们横七竖八的,像素描画儿一样装饰着我的院墙。它们坐稳了江山,第二年就爆发了。春天抽条长叶后,一天一个样,到夏天的时候,它们就爬上了二楼,有几根还攀上了楼顶。

抢占制高点,当然是为了争夺阳光,但是为什么其他植物做不到这一点呢?它们有触须,但有触须的植物太多了,丝瓜、冬瓜、黄瓜之类的都有,大概是它们知道自己的果实太重了,除了为光合作用做准备之外还要为开花结果打下基础。葡萄的触须已

---

[1] 选自《植物的声音》,高东生著,甘肃科学技术出版社,2020年版。

经很神奇了，柔软的一根丝，在生长过程中东摇西晃，寻找可以抓住的物体，一旦找到就迅速缠紧，并且慢慢变硬，木质化，很难扯下。但，在墙上，它抓什么呢？在瓷砖的墙面上呢？

爬山虎能。

它的触须也是柔软的，但伸出的每条触须都能分叉，小触须前面都有一个小小的凸起，遇到可以落脚的地方，这个凸起就会变成平面状，像某些小动物的吸盘。我猜它肯定是分泌了一种胶水一样的黏液。这种本事太了不起了，爬山虎成了植物界的蜘蛛侠，真正的老虎爬不上这么陡峭光滑的墙壁和山崖。这有点像黄山松，能在几乎没有一丝土壤的岩石上长成大树。据说黄山松的根须能在前端分泌一种能分解岩石的物质，一点一点，让花岗岩软化，成为自己的立足之地并从中吸收营养。这真是典型的以柔克刚。

其中一定潜藏着智慧。植物默不作声，像故意隐藏。它并不希望你发现，只在心中窃喜。

一年冬天，我在公园的一堵白墙上看到两行细小的脚印，知道爬山虎曾经从此经过。别人没这样的眼力，我也在心中窃喜。

## 助读交流

1. 有触须的植物有很多，为什么爬山虎与众不同？借助下面的思维导图向你的小伙伴介绍。

柔软

触须

2. 作者说："别人没有这样的眼力。"你有这样的眼力吗？请你观察爬山虎，印证文中作者对此的说法。

文学里的草木芳菲

# 牛蒡花[①]

[俄] 列夫·托尔斯泰　　刘季星　译

我从田野间走回家，时节正逢仲夏，牧场上的草已经收割完毕，黑麦正准备开镰了。

我眼前是这个季节所特有的美丽的花的海洋：鲜红、雪白、粉红的乱蓬蓬的三叶草花，飘着芳香；雏菊毫无顾忌地开放着；黄蕊白瓣可以占卜爱情的"爱不爱"花，发出刺鼻的腐烂的气味；黄澄澄的油菜花，有蜜似的甜味；形状像郁金香的吊钟花，一身淡紫或雪白，高高地挺立着；豌豆花在匍匐着行进；鲜红、雪白、粉红、淡紫的山萝卜花，开得齐齐整整；车前草花生着略呈粉红色的细毛，有暗香在流动；矢车菊，在早晨八九点钟青春时期的朝阳下，现出深蓝色，到了暮色苍茫年老力衰时却变成浅蓝之中透着红色了；而菟丝子花，柔弱得仿佛立刻会枯萎似的，散发着杏仁的气味。

---

[①] 选自《托尔斯泰散文选》，托尔斯泰著，百花文艺出版社，2009年版。

我采了一大把各种各样的花走回家去，途中发现排水沟里有一棵盛开着的牛蒡花，枝上有刺，但颜色特别鲜红。这个品种在我们这里叫做"鞑靼花"，割草时总极力避开它，偶尔把它割下了，也从草堆里拣出来丢掉，免得伤着了手指。这时我忽然想起要把这朵牛蒡花摘下来，裹在花束中间带回家。我走下水沟，赶走了钻在花心里睡得又香又甜的一只毛茸茸的熊蜂，动手摘花。可是这件事做起来却十分的艰难，因为枝上布满了刺，包在手上的手巾都被它刺穿，而且花枝特别的坚韧，单是为了撕断它的皮层，我就同它纠缠了五分钟之久。后来我终于把花摘了下来，但花枝已经撕烂，颜色也不像刚才那样鲜艳，何况它的神气显得非常倔强，桀骜不驯，与别的娇嫩的花朵夹杂在一起很不和谐。我为白白地毁了一朵花而感到可惜，它原先长在水沟里是多么美丽。于是我把它扔掉了。"不过，它的生命力是多么顽强啊，"回想起刚才我摘花时所费的力量，我不由得这么想，"它为了保卫自己的生命做出了多么巨大的努力，付出了多么昂贵的代价。"

回家的路要穿过大片休耕地，这片地刚刚犁过，表面上都是黑土。我踏着黑油油的碎土上了坡。这块翻耕地是地主家的，面积不小，从大路两侧或者向前面上坡的地方放眼望去，是连绵不断的黑色的田地，上面一道一道还没有耙平但间隔均匀的垄沟，别的什么东西都看不见。地犁得很有功夫，地面上干干净净，不要说什么植物，连一根小草也不留——一片广阔的黑土。我想："人是多么残忍又多么富有破坏力的动物啊，为了维持自身的生命，他毁灭了多少有生命的动物和植物。"我下意识地想在这片辽阔而沉寂的黑土地上寻出有生命的东西来，随便什么都行。在我前面，在大路的右侧，我终于发现一株灌木，走近了一看，认得它又是"鞑靼花"，同我刚才毫无意义地摘下来又扔掉的那朵花一模一样。

这株"鞑靼花"长着三个枝子，有一个已经折断了，好像被砍断了一只手臂，只留着残根。另外两个枝子上还开着小花，花色本来都是鲜红的，现在变成了黑色，其中一个花枝也被弄断，但仍然连着皮层挂在那里，枝上的小花沾着污泥；第三个枝子虽然也沾着污泥，却照旧昂首挺胸地站立着。看来，这株花曾经被车轮从身上碾了过去，然后又重新站了起来，它的姿势尽管歪歪倒倒，毕竟是站着。好像从它身上割去了一块肉，取出了一个内脏，斩断了一只手，挖走了一只眼睛，但它仍旧站立着，没有向那个把它周围所有弟兄消灭得干干净净的人屈服。

"多么坚强啊！"我想了想，"人征服了一切，消灭了无数花花草草，可是它始终不肯低头。"

于是我想起了早年发生在高加索的一则故事，其中有些情节是我亲眼看到的，有些是我听目击者亲口讲述的，还有一些则出于我的想象。这个故事在我的回忆和想象中是什么样子，现在就把它写成什么样子吧。

> **助读交流**
>
> 　　1.牛蒡花在文学和艺术中被广泛使用,在托尔斯泰的作品中,它象征着什么?读读下面的句子,留意加点字,说说你的理解。
>
> 　　◇……花枝已经撕烂,颜色也不像刚才那样鲜艳,何况它的神气显得非常倔强,桀骜不驯,与别的娇嫩的花朵夹杂在一起很不和谐。
>
> 　　◇……其中一个花枝也被弄断,但仍然连着皮层挂在那里……第三个枝子虽然也沾着污泥,却照旧昂首挺胸地站立着。
>
> 　　◇好像从它身上割去了一块肉,取出了一个内脏,斩断了一只手,挖走了一只眼睛,但它仍旧站立着,没有向那个把它周围所有弟兄消灭得干干净净的人屈服。
>
> 　　2.作者在写牛蒡花时生发了很多关于人的思考,这些语句有别于其他单纯写植物的短文。找出这些句子读一读,查阅资料,说说你的思考和发现。

文学里的草木芳菲

# 越冬的小草[1]

端木蕻良

北京的冬天，风沙特大。除了长青树，花草都无法生长。地上的草就在寒霜风雪中枯萎了，除了一些可怜的草根，地上便全是土地的本色。

我出去散步，经过那座大楼的花坛时，眼光都要射向那还有着暗绿色的云杉。北国的严寒，能看到绿色，总是令人喜悦的。何况，它每天都使我有"长青"的感觉呢……

有一天，我的眼光又自然而然地投向它，从树梢一直看到它的根部，忽然发现在它的根部的四周，有着一些小草。这使我像孩子发现奇迹般地高兴起来。花坛有铁栏杆，我不能进去仔细观看。但我请问了老园丁，他告诉这还活着的小草名叫护盆草。

护盆草是一年生的植物，它是度不过这北国的冬天的。肯定它也不过是在熬日子罢了。

---

[1] 选自《走过四季·冬》，陶本一主编，语文出版社，1997年版。选文有删减。

但从此,在我每次走过这座大楼门前的花坛时,最先去看的却不是那高傲、耸立、得天独厚的云杉,而是那护盆草了。我发现它一天比一天发蔫,但仍保有绿色,甚至还开着瘦小的黄花呢!这小黄花是不会结出成熟的籽粒来的,只是表明小草的生命还在继续着。

今年的雪下得不多,花坛的后面便是高楼,北风被楼给挡住了,这当然是小草得以活下去的原因。但是,不凋的杉树把阳光给遮住了,护盆草得到的温暖也不会太多。可它却一直没有失去绿色。

有一天,真的下起雪来了,雪虽不大,但盖住护盆草,还是绰绰有余的。我也不能进到里面为她把雪拨弄开;同时,我又想:雪也可能还为它盖了一层棉被呢!我还是担心护盆草的命运,我没见过露天过冬的护盆草,也没有听到什么人说过。

雪住了,这次,不是我去散步,而是拿起手杖去看护盆草。是的,不是散步,这回,是去看护盆草!

护盆草,依然没有失去绿色。

供我观察的冬天过去了,春天从树梢上来了,春天从野草的宿根中来了,春天从风里来了,春天就在我眼前……

刚刚苏醒的柳丝,透着鹅黄;刚刚吐嘴的小草,显得青嫩。我再去看看那熬过冬天的护盆草,并没有赶上时间换来新装,可它却成了一<u>丛碧绿</u>。是的!是一丛碧绿!

柳树放叶,小草出土。我再去看那云杉下的护盆草,显得湛绿葱翠,它舒展了。几天过后,它变得更加蓬勃茂密。

又过些日子，云杉捧捧枝头都发出了新枝，谁走过它的身旁，都不能不看上几眼。眼睛和它相对时，得到的只会是喜悦。几乎没有人去注意那越过冬天的护盆草。它离不开土地，她生得太低矮了。

护盆草，就这样不声不响地度过了寒冷的冬天，又开始来迎接新的春天。我没有去查检《植物名实考》一类的书，那上面是不是有护盆草（或者它有另外的名字）的条目。我只知道它能越冬。只是因为病，使我必得要经常散步时，才得以发现的。不过，从观察中，我还是对它多了一些了解，原来，它几乎不需要什么。阳光对植物来说，是最可贵的。云杉比它高、比它大，把它给盖住了。只能在筛下来的树影空隙中，得到几丝阳光。但是，它却使云杉不致失去湿度，又为别的花木保护根株。保持水土，净化空气。它默默无闻地保护着比它高大的植物，谁能说严寒中依然能保持秀色的云杉，没有这小小护盆草的功劳呢？……所以，园丁才叫它作护盆草，只有园丁才配作它的知己。

我想，不会是所有的护盆草都能在户外越过冬天吧？仅就这云杉下面的护盆草来说，只要给它少受一些北风，就可以度过漫长的凛冽的冬天……

**助读交流**

1. 有人说护盆草"身处低位，朴实隐忍"，有人说护盆草"不惧严寒，挑战命运"，有人说护盆草"默默无闻，无私奉献"，你赞同哪一种观点？结合文章说说你的理解。

2. 好的表达，每一个字都能成为文章的灵魂。作者在文中两次使用"熬"这个字，有什么用意？找出相关语句，读一读，体会体会。

# 囚绿记[①]

陆 蠡

我天天望着窗口常春藤的生长。看它怎样伸开柔软的卷须,攀住一根缘引它的绳索,或一茎枯枝,看它怎样舒开折叠着的嫩叶,渐渐变青,渐渐变老,我细细观赏它纤细的脉络,嫩芽,我以揠苗助长的心情,巴不得它长得快,长得茂绿。下雨的时候,我爱它淅沥的声音,婆娑的摆舞。

忽然有一种自私的念头触动了我。我从破碎的窗口伸出手去,把两枝浆液丰富的柔条牵进我的屋子里来,教它伸长到我的书案上,让绿色和我更接近,更亲密。我拿绿色来装饰我这简陋的房间,装饰我过于抑郁的心情。我要借绿色来比喻葱茏的爱和幸福,我要借绿色来比喻猗郁的年华。

可是每天在早晨,我起来观看这被幽囚的"绿友"时,它的尖

---

[①] 选自《读给孩子的散文》,天一童书馆编,海燕出版社,2016年版。选文有删减。

端总朝着窗外的方向。甚至一枚细叶，一垄卷须，都朝原来的方向。植物是多固执啊！它不了解我对它的爱抚，我对它的善意。我为了这永远向着阳光生长的植物不快，因为它损害了我的自尊心。可是我系住它，仍旧让柔弱的枝叶垂在我的案前。

它渐渐失去了青苍的颜色，变成柔绿，变成嫩黄，枝条变得细瘦，变得娇弱，好像病了的孩子。我渐渐不能原谅我自己的过失，把天空底下的植物移锁到暗黑的室内；我渐渐为这病损的枝叶可怜，虽则我恼怒它的固执，无亲热，我仍旧不放走它。魔念在我心中生长了。

我原是打算七月尾就回南去的。我计算着我的归期，计算这"绿囚"出牢的日子。在我离开的时候，便是它恢复自由的时候。

终于在一天早晨候到了。临行时我珍重地开释了这永不屈服于黑暗的国人。我把瘦黄的枝叶放在原来的位置上，向它致诚意的祝福，愿它繁茂苍绿。

离开北平一年了。我怀念着我的圆窗和"绿友"。有一天，得重和它们见面的时候，会和我面生吗？

**助读交流**

1. 窗外的"绿"是什么样的？作者是怎么描摹的？品读相关内容，说一说。

2. 作者为什么要"囚"绿？窗外的"绿友"真的被"囚"住了吗？请结合资料卡说说你的思考。

**资料卡**

1937年11月上海沦陷后，一部分文艺工作者利用上海租界的特殊环境，在日本侵略势力的四面包围中，坚持抗日文学活动，至1941年12月珍珠港事变，日军入侵租界为止，历时四年零一个月。这期间创作的作品被称为"孤岛文学"。

《囚绿记》写于1938年，作者当时正在沦为孤岛的上海，看着"祖国蒙受极大耻辱"。由此他怀念起一年前，也即抗日战争爆发前夕，暂住北京之时，生活在阴暗潮湿的房间里，窗外的一树常春藤。

# 你写过自然笔记吗？

　　自然笔记就是用文字，辅以绘画、摄影等多种形式，记录在大自然中的所见所闻所感，花开花谢，潮起潮落，或是与一只蜘蛛、一条小狗的相遇……可以是偶然所得的单篇笔记，也可以是不同时间，甚至是不同心境下对同一株植物、同一个动物或自然现象的连续观察笔记。

　　写自然笔记时，可以记录观察的时间、地点和天气等情况，重点描写观察的对象；也可以写写它所处的环境，适当插入与之相关的回忆、故事、古诗词等，别忘了写出自己的真实感受；遇到不懂的地方，还可以查资料，适当补充一些科普小知识。

# 自然笔记一：我的春天笔记

观察是创作自然笔记的核心工作，在繁忙的学习生活中养成凝眸的习惯，哪怕是一瞬间，你也一定会有所发现。

这个春天，你走过哪里，你观察到什么？是第一朵迎春花？第一片柳叶？还是第一株嫩芽？……请用简明的文字记录下它的名字、观察的时间、地点、天气，如果可以的话，试着给它"画张像"或者留个影。

观察对象：------------------------
观察时间：------------------------
观察地点：------------------------
第一次留下的印象：
------------------------
------------------------

| 它的模样 |

同一个事物在不同环境下，会呈现出不同的模样。阳光下、风中、雨中……选一个你喜欢的环境，仔细观察它的模样，把你的不同感受一起记录下来。

**不同环境下的它**

----------------------------------------
----------------------------------------
----------------------------------------
----------------------------------------

查阅资料，阅读和它相关的诗歌、散文、科学小品文，可以帮助你更加深入地了解这个植物。从这些作品中摘录你喜欢的句子，读一读。

**不同作品中的它**

----------------------------------------
----------------------------------------
----------------------------------------
----------------------------------------

结合观察和阅读，你可以为观察的植物写一个小传，或者用简短的文字记录自己的观察心得。

**我心中的它**

----------------------------------------
----------------------------------------
----------------------------------------
----------------------------------------

# 自然笔记二：植物成长记

寒暑假是进行连续观察的好时机。走出家门，到小区里，到公园里，到郊外，选定一棵感兴趣的植物。如果叫不出名字，你可以借助智能软件或相关搜索引擎了解。

## ★ 第一次观察需要做的事

用相机或画笔记录下第一次见到这棵植物的样子，并拍下第一次的观察角度（可以寻找参照物）。

用纸笔记录下第一次观察它的具体时间，可以精确到几时几分。

如果想观察得更细微些，观察时可以聚焦这棵植物的某片叶子或者某朵花。

观察对象：_____
观察角度：_____
观察时间：_____
观察员：_____

## ★ 连续观察方式的确定

接下来怎么观察？你可以定一个观察计划，将一个月平均分为几等分，每几天或每天同一时间去一次，保持观察角度不变；也可以预先计划好观察的次数，不定期去观察，每次去观察的时间和角度保持固定不变，或者随意选择观察时间和角度；甚至可以分别选一次晴天、阴天、下雨天或白天、月夜进行对比观察。

在观察时，你可以借助下面的笔记框架。

### 对比观察

晴天时

---
---
---

阴天时

---
---
---

## ★ 记录方式的选择

如何将观察到的内容，以生动可感的方式记录下来呢？你可以写日记，可以用相机或手机拍摄静态、动态的影像，还可以用语音三言两语录制自己的新发现。这些方式甚至可以同时采用，让你的观察记录变得更丰富、更有趣。

# 自然笔记三：收集秋天

秋天的绚烂不亚于春天。选一个空闲的周末，到公园或者树林里去收集落叶。将它们制作成喜欢的作品，你眼中的秋天便会以独特的风貌永远留存下来。

## ★ 准备阶段

工具准备：镊子、手套、塑料袋、墨水、纸、笔等。

知识储备：阅读和落叶有关的科普作品，尽可能多地了解落叶的不同种类及价值；阅读相关诗文，为寻找、观察、收集落叶以及制作作品丰富感性的认识。

技能准备：学习拓印和制作标本的基本方法。

## ★ 制作阶段

第一步：到公园或树林里去捡拾各种落叶。充分调动所有感官：看、听、闻，从不同角度感知落叶在秋天的美；还可以在落叶上跳一跳，跑一跑，感受落叶奏出的自然乐章。

第二步：将捡拾到的不同落叶从颜色、形状、大小、茎脉、种类等
　　　　角度进行分类整理，用文字简要记录。

**分类整理**

落叶的颜色：_____

落叶的形状：_____

落叶的种类：_____

（　　　　）：_____

**画一画你喜欢的落叶**

第三步：将落叶制作成不同的作品。

1. 用拓印的方法将落叶的茎脉印在白纸上，在茎脉空白处添画自己喜欢的图案，并着色。
2. 编一个和秋天有关的故事，巧用落叶原有的形状，剪剪、贴贴、画画，创造故事主人公。
3. 将落叶烘干或者晒干，制作成树叶标本。如果落叶较多，可以按树种进行分类，一种树叶制作一种标本。
4. 阅读和落叶有关的精美诗文，摘录到树叶上，塑封后永远留存。
5. 用落叶制作一顶皇冠或者一条舞裙，带上它们参加以秋天为主题的活动。
6. 将收集到的所有剩余树叶埋在附近的大树下，做好标记；等到春天时再挖开，体会落叶"化作春泥更护花"的奉献之美。

第四步：回忆和落叶有关的观察、实践活动，完成一篇以"收集秋天"为题的自然日记。

本书部分文字作品稿酬已经向中国文字著作权协会提存,敬请相关著作权人联系领取。

收转分配部电话:010-65978917

传真:010-65978926

公共邮箱:wenzhuxie@126.com